재일기
The Diary of Jaeil

두 번째 화살을 맞지 마라

재일기
The Diary of Jaeil

두 번째 화살을 맞지 마라

김재일 지음

책앤

어딘가를 향해
씨앗이 날고 있습니다!

30대 초반 나름 성공이라는 날개를 펼칠 무렵 의외의 사건이 터졌습니다. 골치 아픈 일이 생기면 운동으로 풀던 버릇이 있었는데, 어느 날 좋지 않은 기분으로 농구를 하다가 크게 다친 것입니다. 거의 6개월을 고생 고생하며 치료했지만 정신적인 후유증인지 무기력에 빠지고 말았습니다.

마음을 잡지 못한 채 조바심이 나 애만 태우고 있을 즈음 IMF때 어려움을 이겨낸 사람들의 이야기가 생각났습니다.
'산에 간 사람들은 다시 성공할 확률이 있었지만, 술과 담배에 빠져서 거리를 헤매고 다니면 거의 다 실패자로 남는다'
생각이 거기에 미치자 무조건 산으로 갔습니다. 마치 거기에 가야 살 수 있다는 각오로 오르고 또 올랐습니다. 머리 위에 하늘을 두고 밥을 먹으면 좋다는 말에 산속에서 나무들을 친구 삼고 하늘은 천장 삼아 점심도 먹었습니다. 그렇게 산속 맑은 공기에 몸을 맡기고 이 생각 저 생각을 하다보니 우울한 기분이 점차 줄어들었습니다.

그러던 어느 날 산 아래에서 작은 한옥을 보았습니다. 가까이 가보니 절이었습니다. 조용하고, 깨끗하고, 청결한 그 절이 무척이나 마음에 들었습니다. '언젠가는 저 절을 닮은 전원주택을 짓고 살아보자'는 꿈을 꿀 정도였습니다.
한옥을 닮은 산사에 머무는 잠시 동안 깊은 평온을 경험한 저는 여우에게 홀린 나뭇꾼처럼 절을 찾게 되었습니다. 그러면서 부처님에 대해서도 조금씩 알아보게 되었습니다.

부처님을 처음 접하면서 인상적이었던 것은 인생은 '고(苦)다!'라는 말씀이었습니다. 왜 '고'일까? 무척이나 의아했습니다. 허무주의의 느낌도 강하게 받았습니다. 한참 긍정이 대세이던 시기였고, 간절히 원하면 무엇이든 이루어진다는 생각이 유행처럼 번지고 있던 분위기에서 부처님의 말씀은 와 닿지 않았습니다. 너무 부정적이었습니다. 죽음, 고통, 고뇌 등 안 그래도 심각한데 그런 말들은 짜증스럽기까지 했습니다.

다만, 절이라는 공간은 상당히 매력적이었습니다.
은은한 나무 향이 깃든 한옥의 청정함이랄까? 조용하고 차분한 기분을 느끼게 해주는 것이 너무 좋았습니다. 절에서 부처님을 쳐다보고 앉아 있으면 저절로 마음이 안심되었습니다.

식사도 상당히 좋았습니다.

고기가 차고 넘쳐 기름기가 잔뜩 낀 맛세상에서는 맛볼 수 없는 담백하고 단순한 맛들의 공양. 먹는 것으로 스트레스를 풀 만큼 식탐이 심했던 저는 새로운 맛의 세계에 눈을 뜨게 되었습니다.
그런데 이상하게도 몇 개월 간 그 절에서 스님을 만나지 못했습니다. 나중에 스님께 여쭈어보니 갓 지은 절이라 단청하기 전에 말리는 중이었다고 합니다.
어쨌든 저는 한옥 같은 그 절에서 몸과 마음을 치유하게 되었고, 다시 출판일을 하게 되었습니다. 그러다 우연한 기회에 저의 사연을 불교계 신문사인 법보신문에 싣게 되었습니다.

사연을 계기로 법보신문과 좋은 관계를 유지하면서 저는 본격적으로 불교 공부를 했습니다. 마치 못다 한 숙제를 하는 것 같았습니다. 그리고 5년 전에 부처님 이야기를 김재일이라는 중생이 기록한다는 뜻으로 '재일기'라는 만화를 연재하게 되었고, 매주에 1회씩 190편을 연재하게 되었습니다. 그 후 인연이 되어 지금의 책으로 나오게 되었습니다.

씨앗이 날리고 있습니다.
어떤 씨앗은 물이 촉촉이 젖은 질 좋은 토양에, 어떤 씨앗은 바윗돌 위에, 또 어떤 씨앗은 물 위에 떨어집니다.
내가 떨어진 곳은 허허벌판입니다. 불어오는 바람을 막아줄 나무도 수풀도 없고, 싹을 틔우기에 충분한 수분도 없습니다. 그냥 온몸으로 맞으며 살아갑니다. 그러다 보니 내 자신이 아무것도 아님을 알게 됩니다. 매일매일 작고 작은 내 자신을 확인하는 삶입니다.
이런 저의 삶에 불교는 등불입니다. 불교를 공부하면 공부할수록 감로수였고, 철학의 문을 여는 만능열쇠입니다. 덕분에 저는 이 책에 글과 그림을 쓰고 그리면서 아픔의 많은 부분들을 치유할 수 있었습니다.

그러나 저의 깨달음은 아직 미약합니다.
부처님은 '인생은 고통이다'라고 끝내신 것이 아니라 여러가지 방편으로 진정한 삶을 살 수 있는 디딤돌을 놓아 나 자신이 모든 것을 받아들이고 여여하게 살 수 있도록 깨달음을 주신다는 정도를 알 뿐입니다.
성철스님은 '돈오돈수'를 설하셨습니다.
'완전한 깨달음에는 더 이상 깨달을 것이 없다.
단박에 깨달은 다음에는 그걸로 완전무결한 것이다.
그 깨달음을 영원히 하기 위해 수행을 한다면 그것은 깨달은 것이 아니다!'
저는 아무리 노력해도 그렇게 되지 않았습니다.

아름다운 것은 보고 싶고, 황홀한 것을 느끼고 싶고, 삶을 즐기고 싶습니다.
화내고, 욕심내고, 분노하고, 짜증 내고, 고뇌하고, 아프고……, 이런 감정들은 사라져 버렸으면 합니다. 수많은 감정들 중에서 좋은 감정들은 맘껏 분출하고, 나쁜 감정은 쏙 빼버리고 싶습니다.

그러나 불교를 알면 알수록 두 가지 감정은 다르지 않다는 것을, 서로 징그러울 정도로 붙어 있다는 것을 알게 됩니다. 부정 속에 긍정이 있고, 행복 속에 불행이 있고, 사랑 속에 증오가 있어 원하는 것만 쏙 뽑아 가질 수 없음을 받아들이게 됩니다.

그래서 저는 아플 때 아파할 줄 알고, 즐거울 때 즐거울 줄 알며, 그 하나하나가 둘이 아님을 알고 사는 마음, 그것이 깨달은 마음이 아닐까 생각하면서 살고 있습니다.
물론 이것은 열심히 운동하면 생겼다 운동 안하면 사라지는 근육과 같은 깨달음입니다. 하루하루 노력해야만 하는 깨달음입니다.
지금까지는 그렇습니다.
나중에라도 대오각성하여 성철스님이나 부처님의 경지를 만나고 싶지만 그렇지 않아도 좋습니다. 세상에 태어난 아기처럼 불교의 정수를 하나하나 맛보는 기쁨이 너무나 크기에 항상 공부하고 정진하는 것만으로도 만족합니다.

저도 살면서 많은 책을 읽어보았지만 한 줄도 기억나지 않는 책이 수두룩합니다.
단 한 줄이라도 기억을 하는 페이지가 있다면, 아니 책을 읽는 순간이라도 무언가를 느낄 수만 있다면 그것으로도 만족합니다.
하지만 우리가 읽은 모든 책들은 우리가 모르는 의식 한 부분에서 우리의 삶을 풍요롭게 한다는 것을 믿어 의심하지 않습니다.
마지막으로 이 책이 나오기까지 신경 써주신 법보신문 기자님들과 편집자께 감사의 마음을 전합니다.

김재일

불심 흔들기

두 번째 화살

아, 내가 졌다!

마음먹지 않을래

불심 흔들기

흔들린다는 것은 살아있다는 것이다.
살아있기에 흔들리는 마음~
어쩌면 그것이 불심의 본질인지도 모른다.

산사로 간 손오공

이 만화는 나의 이야기이며
내가 부처님의 말씀에 귀 기울이게 된 계기이기도 하다.

연재를 처음 시작하던 시기, 나는 무척 지쳐 있었다.
마음의 갈피를 잡지 못하던 어느 날, 나는 집 근처에 있는 절을 찾았다.
절에는 나를 구속할 만한 것이 아무것도 없었다.
오직 부처님만이 나를 지긋이 바라보고 계셨다.

삶이 지치고 힘들면 옛 추억에 기대고 싶은 마음이 생긴다.
내 삶을 지탱해주던 추억은 어린 시절 할아버지 댁에서 시작되었다.
창호지를 뚫고 들어와 방 안을 가득 채우던 달빛.
밤에는 그 달빛을 빚어 만든 비행기를 타고 꿈나라 여행을 했고,
낮에는 이리저리 마루를 뒹굴며 그림을 그렸다.
아득하게 남아 있는 할아버지 댁 마루의 향과 촉감들…….

나는 절에 이르러 그 향과 촉감들을 다시금 만났고
순간, 모든 추억은 나를 부처님께 이끄는 따스한 손이 되었다.

어느 날 오후, 손오공은 공원 벤치에 앉아 있었다.

현재의 삶이 지치고 힘들면

과중한 업무

복잡한 인간관계

돈 좀 꿔줘.

이것 좀 부탁하자.

으으윽...

환경오염

건강악화

몸이 많이 안 좋네요.

네...

그러다 문득 바라본 깨끗한 산

오, 그래. 산으로 가자!

어떤 현인이 말했지. 자연은 모든 고통을 치유한다고....

하아ㅡ!

15

근데 산속에 웬 한옥이지?

가까이 가보니 그곳은 단청을 하지 않은 소박한 절이었다.

와, 어릴 적 시골집 냄새~!

야

안은 조용했고 은은한 나무 냄새와 향내가 손오공의 마음을 안심시켰다.

아~

나른

오공은 어느새 부처님 앞에 누워 곤히 잠들어 버렸다.

그렇게 피곤했었느냐!

헤헤....

음냐

그날 오공은 몇 년 만에 달콤하고 편안함을 느끼며 산속 작은 절에서 낮잠을 잤다.

*현인 : 마음이 어질고 총명해 성인에 버금가는 사람.

마음의 크기

지구에는 약 70억 명이 산다.
산술적으로 70억 개의 마음이 있는 것이다.
마음에도 크기가 있다면
그 마음들의 크기는 다 다를 것이다.
이 마음의 크기에 따라 사람들은
비슷한 일을 당해도
'뭐 그럴 수 있지'라며 넘어가기도 하고,
분노하고 억울해 어찌할 줄 모르기도 한다.

그러나 마음의 크기에 상관없이
태도를 바꾸어 조금만 더 차분하게,
상대를 배려하는 마음으로 바라볼 수만 있다면
같은 일이라도 더 좋은 해결책을 마련하고
마음의 안정을 빨리 찾을 수 있다.
어떤 일을 대하는 태도가 마음의 크기를
넓힐 수도 있고, 줄어들게 할 수도 있다는 말이다.

크고 넓은 마음을 갖고 싶은가?
그렇다면 내 앞에 닥친 일을 대하는 태도부터 바꾸자.

최고의 보시

"돈이 없어 나눠줄 돈(재시)도 없고
가방끈이 짧아 누구에게 도움되는 말(법시)도 못한다.
그러니 나는 보시할 것이 없다."
라고 말하는 사람들이 있다.
하지만 밝은 미소와 따뜻한 말 한마디로도
충분히 보시할 수 있다.
물질적, 정신적으로 큰 도움이 되지 못하지만
항상 빙긋이 웃으며 칭찬해주는 사람이야말로
큰 무외시를 하는 것이다.

쯧쯧, 불쌍해라. 여기요~

땡강

스님! 제가 보시를 했어요. 저 정말 인정 많고 착하죠?

그래, 착하구나. 그런데 너는 가장 훌륭한 보시가 무엇이라고 생각하느냐?

당연히 돈이죠! 돈! 돈을 많이 보시해서, 낄낄낄.

이 놈이.

요놈! 너는 허구한 날 돈타령이냐! 돈이면 다 되는 줄 아느냐!

네가 아주 매를 맞고 싶은가 보구나.

꽁!

음..., 방금 너처럼 물질적으로 도와주는 것을 '재시(財施)'라 하고,

진리를 가르쳐 주는 것을 '법시(法施)'라 하며,

두려움을 없애주는 것을 '무외시(無畏施)'라고 하느니라.

치....

그럼 그중 최고의 *보시는 무조건, 당연히 돈이죠, 그렇죠? 흐흐흐~

네가 매를 버는구나.

으악!

최고의 보시는 '무외시'이니라. 인간은 항상 두려움 속에 사는데 그 고통 속에서 구해주는 것이 최고의 보시이니라!

흥~

저는 죽는 게 무서운데 그런 죽음의 두려움도 사라지게 할 수 있나요?

죽음이 두려운 것은 너라는 존재가 사라져 비존재가 되기 때문인데, 비존재에 대한 두려움은 무외시를 통해서 벗어날 수 있단다.

오..., 정말요?

참선과 수행을 통해 무외시를 경험하게 되면 인간의 두려움이 얼마나 하찮것없는지 알게 될 것이다. 그러나 그 길을 찾아가는 것은 너 자신뿐이니라. 아무리 알려주려 해도 자기가 깨닫기 전에는 알 수 없는 것이니라.

네네

*보시 : 자비심으로 남에게 재물이나 불법을 베푸는 일.

인생이란!

우리의 삶에는 수많은 고통이 도사리고 있다.
세상은 안전이 완벽하게 보장된 무균실이 아니다.
우리는 안일한 생각에 빠져 위험한 상황을 잊을 때가 있다.
한마디로 정신 줄을 놓고 있는 것이다.
그렇다고 순간순간이 다 위험하니
긴장과 걱정에 노심초사하는 삶을 살라는 말은 아니다.
그냥 '사람 사는 건 다 그렇고,
지금 내가 처한 상황은 이렇구나' 하며
객관적으로 인식을 하자는 말이다.

인생이 '이렇구나' 하고 자신을 객관화하는 순간,
우리는 집착이나 욕심에서 한걸음 뒤로 물러나
전체를 관망하고 판단할 수 있는 능력이 생긴다.
인생의 관점을 바꾸어주는 객관적 인식,
그것은 현실을 직시하는 데에서 시작한다.

스님, 인생이란 무엇인지요?

음~

어떤 사람이 도망을 가다 우연히 칡덩굴이 우거져 있는 아주 오래된 우물을 발견하게 되었단다. 지칠대로 지친 사람이 숨을 곳을 찾게 되었지.

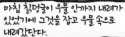

마침 칡덩굴이 우물 안까지 내려가 있었기에 그것을 잡고 우물 속으로 내려갔단다.

그런데 우물 맨 밑바닥에서는 '쉭쉭' 하는 소리가 들려 내려다보니, 독이 잔뜩 오른 독사가 혀를 날름거리고 있었고,

쉭쉭

위를 올려다보니 검은 쥐, 흰 쥐가 번갈아 가며 칡덩굴을 갉아 먹고 있었단다.

문득 옆을 보니 꿀통이 보이고 그 안에서 달콤한 꿀이 줄줄 흐르고 있었단다.

밖에서는 코끼리를 탄 군사들이 도망자를 찾으려고 근처를 이 잡듯 뒤지고 있었지만,

이놈이 어딨지?

도망자는 그 상황을 새까맣게 잊은 채 떨어지는 꿀의 단맛에 취해 정신없이 핥아 먹고 있었지.

냠냠

햐…달다~!

21

코끼리와 군사들(덧없음)

검은쥐 (밤)

흰쥐 (낮)

칡덩굴(목숨)

꿀(즐거움)

아….

뱀(죽음)

이것이 부정하고 싶어도 부정할 수 없는 우리네 인생이니라.

부처님이 계신 곳

불교를 믿는 사람들은 서로에게 '성불하세요' 하고 말한다.
각자가 부처님이 될 씨앗을 가지고 있으니
그 씨앗을 발아시키면 모든 사람이 부처님이 될 수 있다는 말이다.
신과 인간의 영역을 나누어서 어느 절대자에게 기대어 사는 삶이 아니라
나 자신도 신이 될 수 있는 잠재력이 있다는 사실에
자존감이 가득 넘친다.

부처님께서는 어디에 계시나요? 극락에 계시나요?

부처님은 지금 네 옆에 계신단다.

네~에? 제 옆에요? 어디요?

어디 계세요?

너는 밤마다 부처님 옆에서 잠을 자고….

날마다 부처님과 같이 잠에서 깨어나며,

아~함, 자~알 잤다!

부처님과 같이 식사하고,

냠 냠 …

부처님과 같이 참선한다.

마치 그림자가 몸을 따르듯 같이 움직인단다.

부처님께서는 거리도, 시간도 없이 존재하시고, 찾는 데 조건도, 방법도 없단다.

오직 네 안에 계시며 그걸 깨닫는 순간부터 부처님처럼 될 수 있는 것이다.

나는 언제쯤 깨달으려나….

27

데바닷타의 참회

주위를 보면 감언이설과 허풍으로
자신의 능력을 과대 포장하는 사람이 있다.
그들은 재력이나 권력이 있는 자들에게 붙어서 자신의 이익에 사활을 건다.
그러다가 자신의 이익을 막아서는 자가 있으면 그것이 옳건 그르건
무조건 자신의 생각을 합리화하여 이상한 논리를 만든다.
그런 사람들을 참회의 길로 이끌려면 우선은 속지 말아야 한다.
부처님처럼 자비와 사랑으로 품어낼 수는 없겠지만
속지 않으면 그들 역시 자신의 협잡이 소용없다는 걸 알게 될 것이기 때문이다.

그러니 잘못을 저지르고, 거짓말을 하는 사람들을 보며
'저 사람들은 어떻게 반성도 안 해!' 하고 흥분하기에 앞서
그들의 거짓에 속지 않는 지혜부터 갖추자.

손오공! 네가 인간 세상에 숨어 있다고 내가 못 찾아낼 줄 알았지!

헉! 지옥마귀 어떻게 왔냐?

나는 부처께 귀의해 착하게 살고 있으니 우리 싸움은 그만 하도록 하자!

옝!

척

뭐야, 천하의 싸움꾼 손오공이 뭔 소리를 하는 거야?

벌쭘

부처님의 사촌이었던 데바닷타의 이야기를 해줘야만 이해할 것 같군.

데바닷타는 승가를 분열시키는 등 수많은 악행을 저질렀던 인물이지.

부처보다 내가 더 대단하니 내게로 오라!

그러던 어느 날

승가를 다 차지하기 위해서는 부처를 제거해야 한다!

옛써!

자객은 달빛 아래에서 명상하시는 부처님의 모습을 뵙고 경외심이 일어 무릎을 꿇고 모든 사실을 말했지.

부처님, 자비를 베푸소서!

그 사실을 알게 된 데바닷타는 불같이 화를 냈어.

뭐야! 그럼 미친 코끼리 공격도 버틸 수 있는지 한번 보자!

내뺘오—!

25

그러나 사납게 날뛰던 코끼리도 부처님의 모습을 보자 무릎을 꿇고 온순해졌지.

화가 난 데바닷타는 큰 돌을 굴려 부처님 발에 상처를 냈어.

세 번째 공격에도 비폭력 저항을 한 부처님은 많은 이들을 감동시켰고, 데바닷타를 따라 갔던 제자들 잘못을 뉘우치고 부처님께 돌아오게 되었단다.

부처님! 저희들이 어리석었습니다.

그래그래, 어서들 오너라.

그 후 데바닷타는 큰 병을 얻고 헤매이다 부처님께 찾아와 애원을 했다고 해.

부처님께 *귀의합니다. 저를 용서해 주소서.

부처님께서는 연민과 자비, 사랑으로 원수마저도 용서하시고 받아들이는 성인 중의 성인이셨어.

오~부처님! 저도 부처께 귀의하오니 지난 잘못을 용서해주세요.

*귀의 : 부처의 가르침을 깊이 믿고 의지함.

설법을 담는 그릇

모든 사람을
동등하게 대하는 태도도 중요하지만
사람마다 인격, 종교, 학력에 맞추어
대화를 나누는 세심함도 필요하다.
예를 들어, 타 종교 사람이나 무교인 사람에게
경우를 벗어나 자기 종교를 믿으라고 강요하는 것은
서로의 관계를 거북하게 만든다.

자신이 생각하기에 좋은 말이
남에게는 듣기 거북한 말이 될 수도 있음을
알아야 한다.

*설법 : 불교의 이치나 가르침을 풀어 밝혀주는 일.

집착

사자나 얼룩말, 다람쥐 같은 짐승들이
자신의 건강을 해치면서 일을 하거나,
식탐을 부리거나,
숲 속 일을 걱정하는 것을 보지 못했다.
그리하면 짐승들조차도 몸을 망친다는 것을 아는데
고등동물이라는 인간 중에 그것을 모르는 이가 있다.
그들은 집착과 자신의 건강을 바꾸고 있다.
결국은 건강을 잃은 후에 후회해보지만
세상 그 무엇으로도 잃은 건강을 찾을 수 없음을 알 뿐이다.
당신은 아는 인간인가?
모르는 인간인가?

묻고 싶다.

스님, 저는 몸이 아픕니다. 정신은 항상 불안에 떨고 있고, 눈은 항상 건조해 있으며 입안에는 궤양이, 아래엔 치질이 있습니다. 왜 이럴까요?

너는 아마도 이런 삶을 살았을 것이다.

자기야, 원하는 건 다 들어줄게!

일단 100평짜리 집에 고급 승용차… 조잘조잘…

사랑에 집착하고,

일이 많이 있음에도 더 많은 일에 집착하고,

정말

돈이다!

다 할 수 있어요!

원고

먹고 마심에 집착하고,

으아~ 먹고 죽자! 끝까지 가보는 거다!

스트레스야, 날아가라!! 하하하.

세상 일에 집착하니,

경제폭락

핵

불만

고민

걱정

정치

지끈 지끈…

으아악~ 머리가 깨지고 심장이 터질 것 같아요!

오공아, 사람의 몸은 호수와 같단다.

29

비가 너무 많이 오면 옆 산이 무너져 호수가 사라지고,

우르르

우드득!!

해가 너무 오래 떠 있으면 물이 말라 호수가 사라지듯

쨍―

쨍―

너는 사람, 일, 음식, 세상 일에 집착하며 욕심을 부리는데 어찌 너의 몸이 버텨 내겠느냐? 집착과 욕심을 조절해야만 몸도 건강할 수 있느니라.

네~!

아는 것의 기쁨

인간이 짐승과 다르다며 내세우는 대표적인 능력이 학습이다.
배우고, 깨닫고, 실천하는 것이야말로
짐승이 백만 번을 죽었다 깨어나도 이룰 수 없는 일이니
당연한 것인지도 모르겠다.
그렇다면 인간은 짐승들보다 잘하는 것에 즐거움을 느끼고
행복감을 느껴야 할 터인데 어떻게 된 일인지 그렇지가 않다.
아는 것의 기쁨은 저만치 버리고
짐승이랑 똑같아지고 싶어서 안달하는 사람들이 허다하다.

왜일까?
짐승처럼 살고 싶은 야생의 본능이
되살아나서 그러는 것일까?
돈에 미치면 돈다더니,
짐승의 세상이 되기 전에 정신을 차려야 한다.

한 번 사는 인생,
신나게 놀아보자~!

얼마 후...

아이고..., 평생 놀고먹으면
좋을 줄 알았는데
그것도 이젠 지겹구나.

이제라도 알았다니
다행이구나.

휴~

앗! 삼장법사님!

음...

식물도 음식의 기쁨을 알고,

방긋

동물도 노는 기쁨을 안다.

멍멍

하지만 배우고 아는 기쁨은 인간밖에 알지 못하지.

아하~!

재밌기

그런데 너는 어찌하여 책 한 권 읽지 아니하고
놀고먹는 것에 집착하여 하루하루를 허비하느냐?
인간의 최고 기쁨은 배우고 익히는 데 있음을
깨닫지 못하고 있으니 안타깝기 그지없구나.

노력
하겠습니다~

천국과 지옥의 차이

개인적으로 천국과 지옥은 죽어서 가기보다는
살아서도 갈 수 있는 곳이라고 생각한다.
서로 반목하고 싸우고 독단적으로 행동하고
자기 말만 맞다고 싸우는 곳은 하루하루가 지옥일 테고,
남을 이해하고 배려하며 충분한 대화로 해결하는 곳은
하루하루가 천국일 것이다.

내가 사는 곳이 악한 사람, 부정적인 사람,
짜증 내는 사람뿐이라고 생각한다면 그곳이 지옥일 테고.
내가 사는 곳이 착한 사람, 긍정적인 사람,
기뻐하는 사람뿐이라고 생각한다면 그곳이 천국일 것이다.

내 마음과 행동에 따라
지금 이곳이 천국도, 지옥도 될 수 있다.

옛날 어느 대감 집에 아기를 못 낳는 부인이 있었습니다.

흑흑

나는 왜 아기를 못 낳을까?

어쩔 수 없이 남편은 둘째 부인을 얻었고, 그녀는 아들을 낳았지요.

까꿍~

아~ 부러워.

응

첫째 부인은 시기와 질투심에 자는 아기 몸에 바늘을 꽂아 결국 죽게 만들었습니다.

오마악

내 아들을 죽였지?

만일 내가 너의 아들을 죽였다면 다음 생에 내 남편은 독사에 물려 죽고, 내 자식은 늑대 밥이 되는 형벌을 받을 것이다.

절대 안 죽였다!

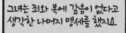

그녀는 죄와 복에 갚음이 없다고 생각한 나머지 맹세를 했지요.

엉엉엉

전생을 알고 난 그녀는 조용히 자기 업을 선으로 행하며 살았지.

스님, 기억도 못하는 일을 어떻게 알겠습니까?

팔계야, 술에 취해 나쁜 짓을 하고 다음 날 깨어나 그런 짓을 한 적이 없다고 우겨도 그 행위가 사라지지 않는 것처럼

퍽

경찰

NO!

씨를 뿌리면 싹이 나고, 싹이 자라면 열매가 맺듯, 뿌리지 않은 인과가 자라는 경우는 없단다.

열매

씨

그럼 인과를 피할 수 있는 방법은 없을까요?

지극정성으로 타인에게 바라는 바 없이 사랑을 베풀다보면 칼로 맞을 것을 따귀로 맞을 수도 있단다.

좋은 일을 많이 해서 이 정도로 끝내는 거야.

악

인과

인과

우리 모두는 자기의 업보를 미리미리 따스한 사랑으로 녹여야 한다.

업보

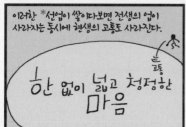

이러한 *선업이 쌓이다보면 전생의 업이 사라지는 동시에 현생의 고통도 사라진다.

한 없이 넓고 청정한 마음

중생의 고(苦)와 낙(樂)은 현세에 지은 업으로만 생기지 않는다. 원인은 과거로부터 온 것임을 깨달아야 한다. *악업의 씨앗을 만들지 않는다면 미래에 받아들여야 할 결과도 없다!

*선업 : 좋은 결과를 가져오는 원인이 되는 착한 일.
*악업 : 나쁜 결과를 가져오는 원인이 되는 악한 행위.

악업의 씨앗

나는 안 좋은 일이 생기면
다 내가 전생에 잘못해서 벌을 받는다고 생각한다.
"모든 건 인과응보다."
"전생에 뭔가 잘못을 해서 그것이 화로 돌아온 것이다."
이렇게 되뇌고 있으면 화풀이도 되고,
마음이 가라앉기도 한다.
그렇다. 이미 벌어진 일이라면,
내가 어찌해도 방법이 없는 일이라면
고민하고 분노해봐야 답이 나오지 않는다.
그냥 전생에 뿌린 악업의 씨앗이
지금 피어난 것이라 치부하고
묻어버리는 게 상책이다.

Two strange deer love a girlⓒ홍성지

중도

자신이 원하는 바를 다 이루며 사는 사람이 과연 있을까?

보통 사람이라면 이룬 것도 있고, 이루지 못한 것도 있을 것이다.
그 정도를 비교해보자면 야구 타율이 인생 타율과 비슷하다고 생각한다.
야구에서는 2할 5푼 정도만 쳐도 좋고, 3할을 친다면 대단한 선수다.
열 번 나와서 세 번만 안타를 쳐도 그 인생은 좋은 인생이란 말이다.
그러니 나머지 일곱 번의 헛스윙을
세 번의 성공을 위한 디딤돌이라고 생각해야지,
그것을 실패라고 생각해서는 안 된다.
열 번 시도해서 세 번은 성공하고 일곱 번은 실패를 했다 말하지 말고
열 번 시도해서 세 번은 성공하고 일곱 번은 경험을 했다 말하자.

과정을 경험하고 그 속에서 기쁨을 찾는다면
성공과 실패에 에둘리지 않는 진정한 삶을 살 수 있다.

1일
앗싸~♪ 돈도 많이 벌고 신나는 일도 많고, 너무너무 행복해요!

2일
으아~! 전 왜 이렇게 불행한 걸까요? 되는 일도 없고….

3일
난 행복을 타고났나 봐요! 일이 너무 잘돼요!

4일
난 되는 일도 없고~ 돈도 날렸을 뿐이고~ 미치겠다, 미치겠어!

5일
전 세상에서 제일 행복한 사람이에요. 기분 최고~!

6일
우아아악~ 이게 뭐야, 뭐냐고요! 내 삶은 정말 지긋지긋해요!

오공아, 넌 일희일비를 하루하루 반복하는구나. 힘 안드냐?

당연히 힘들지요.

좋았다.
더나빴다.

이렇게 반복하는 감정의 기복 때문에 지쳐요. 에~휴.

39

행복이 좋으니 집착하고 불행이 싫으니 도망가는구나!

당연하지요.

너는 극단으로 치우쳐 일희일비하는 너를 볼 때 어떤 생각이 드느냐?

행복할 땐 불행이 오지 않을까, 이 행복이 사라지지 않을까~ 불행할 때는 이 불행이 빨리 지나가고 행복해졌으면 하고 생각하지요.

바로 그것이다. 사람은 누구나 행복과 불행의 양극에 치우치면 그런 생각을 하게 된다. 행복이 영원하기를…, 그러나 현실은 그렇지가 않단다. 행복할 때도 불행할 때도 있는 것이 인생이기 때문이지~

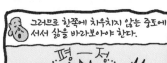

그러므로 한쪽에 치우치지 않는 중도에 서서 삶을 바라보아야 한다.

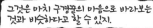

그것은 마치 구경꾼의 마음으로 바라보는 것과 비슷하다고 할 수 있지.

오공이 행복하구나.
오공이 행복하구나.

아~ 그럴군요.

중도의 정신으로 세상을 보면 일희일비하며 감정을 소모시키고 혼란에 빠지는 마음을 평온하고 안심된 상태로 유지할 수 있단다.

저 시계추를 보아라. 한쪽 끝으로 가면 반드시 반대쪽으로 가지 않느냐. 행복과 불행도 이와 마찬가지이니라.

똑딱똑딱
똑딱똑딱

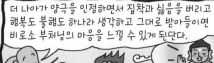

더 나아가 양극을 인정하면서 집착과 싫음을 버리고 행복도 불행도 하나라 생각하고 그대로 받아들이면 비로소 부처님의 마음을 느낄 수 있게 된단다.

사천왕

사천왕은 인도의 토속신이었으나 부처님께 감동하여 부처님을 지키는 보디가드가 되었다.

각각 동서남북을 지키며 악귀들을 힘으로 제압하는 사천왕은 악귀를 발로 밟고 있거나 부리부리한 눈으로 노려보는 형상을 하고 있는데, 이것은 절에 들어오기 전에 더럽고 악한 마음을 가지고 있다면 깨끗이 정화하고 들어오라는 뜻이기도 하다.

그러니까 사천왕이 무섭다면 뭔가 찔리는 게 있는 거다.

오공이 조카와 절 입구에 들어서는데…

두둥 두둥

혁! 무섭다.

그러게, 쟤네들이 왜 여깄지?

스님! 절 입구에 무서운 조각물들은 뭐예요? 분위기 무섭게…. 조카가 놀랐어요.

음~ 사천왕을 보았구나. 사천왕은 고대 인도 종교에서 숭상하는 귀신들의 왕이었으나 부처님께 귀의하여 수호신이 되었지.

그들은 수미산 중턱에 살면서 동서남북을 수호한단다.

북 수미산
동 서
남

동쪽을 수호하는 지국천왕

나쁜 짓 하지 마! 내가 가만히 안 있는다!

나는 부처님께 착한 자에게는 복을, 악한 자에게는 벌을 주겠다는 서원을 세웠다!

서쪽을 수호하는 광목천왕

응변으로 온갖 나쁜 말을 물리치고, 눈을 부릅떠서 나쁜 것들을 몰아낸다!

남쪽을 수호하는 증장천왕

만물을 태어나게 하고 소생시킬 수 있는 덕을 베푼다.

북쪽을 수호하는 다문천왕

항상 부처님의 설법을 듣는다 하여 다문이라 하며 어둠 속에서 방황하는 중생들을 *제도한다!

41

그래도 무서워요.

솔직히 저도 흠칫 놀랐어요.

누군가 무기를 들고 인상을 험악하게 하고 있다고 하자. 그 순간 우리는 그를 나쁜 사람으로 생각할 수도 있다. 하지만 오히려 나쁜 사람을 잡는 경찰일 수도 있지 않겠니? 험악한 인상에 무기를 들고 있다고 해서 무서운 것이 아니라 속에 품은 마음이 무서운 것이다. 착하고 선한 얼굴에 연필 깎는 칼을 들고 있어도 마음이 악하면 사람들을 위험에 빠뜨릴 수 있는 거지.

사천왕은 무섭게 생겼지만 착한 자들을 지켜주는 수호신이란다!

겁내지 않아라!…

네

*제도 : 생사만을 되풀이하는 세상에서 중생을 건져내어 생사 없는 열반에 이르게 함.

욕

부처님의 얼굴을 가만히 보고 있으면
큰 귀와 작은 입, 지그시 감고 있는 긴 눈이 인상 깊게 다가온다.
그중에 가장 특출난 부분이 귀인데
잘 들으시려고 큰 귀를 가지신 것 같다.

남의 말을 잘 이해하기 위해서는 먼저 잘 들어야 한다.
귀를 막고 듣지 않으려는 사람들은 자신의 아집에 빠지기 쉽다.
사람의 얼굴에 귀가 두 개, 입이 하나인 것은
말을 하는 것보다 듣는 것이 더 중요하기 때문이라고 하지 않던가.

부처님은 욕을 듣건 칭찬을 듣건 잘 들어보시고
자신의 것이 아니라고 생각하면 새겨두지 않아
마음의 상처를 받지 않는 지혜로운 분이시다.
중생은 안 받고 싶어도 마음속에 박혀
'내가 왜 그런 소리를 들어야 하지. 억울해!' 하며
가슴 아파하지만
부처님은 수행으로 마음에 담아두지 않으신다.

오공아, 표정에 짜증이 가득하구나.

스님...! 제가 잘못하지도 않았는데 상대방이 욕을 합니다. 너무너무 억울하고 분합니다. 이럴 때는 어떻게 해야 하나요?

부처님께서도 그런 일을 겪으셨단다. 친척 중에 한 사람이 *출가하자 한 남자가 찾아와 부처님께 따지며 욕을 퍼부었단다.

부처님께서는 그냥 조용히 계셨지. 한창 동안 욕을 한 그는 헐떡거리며 말했어.

아니, 당신은 왜 내가 이렇게 욕을 하는 데도 가만히 있습니까?

뭐 반응이 있어야지?!

그때 부처님께서 말씀하셨지.

그대가 손님에게 맛있고 기름진 음식을 대접했는데 손님이 그것을 받지 않는다면 누구의 것이 되겠는가?

그야... 다시 내 것이 되겠지요.

그대가 오늘 내 앞에서 나쁜 욕으로 실컷 나를 대접했지만 나는 받지 않았다네.

만일 내가 욕을 듣고 그대와 똑같이 화를 내며 욕을 한다면 그대와 내가 어울려 먹고 마신 꼴이 되겠지. 그러나 나는 그대의 대접을 사양하노라.

아...!!

그 말을 들은 그 남자는 무릎을 꿇고 용서를 빈 죽 부처님의 제자가 되었단다.

오..., 같이 욕을 하고 싸운 제 자신이 부끄러워지는군요.

*출가 : 집과 세속의 인연을 떠나 불문에 들어 수행 생활을 함.

43

천상천하 유아독존

세상을 살다보면 가벼운 공주병이나 우울증을 겪는 경우가 생긴다.
둘 다 안 좋은 병이지만 우울증보다는 공주병이 더 낫다는 말을 들었다.
상태가 심각해서 남에게 피해를 주지 않는다면
공주병은 나를 자존감 높은 상태로 만들어주기 때문이다.

남을 배려하라는 말과 같은 크기의 자기 자신을 사랑하라는 말이 필요하다.
자기 자신을 사랑하고 높이 받드는 사람은 남에게도 함부로 하지 않는다.

스님! '천상천하 유아독존, 하늘 위 아래 나 홀로 높다'라고 말씀하신 분이 부처님이라고 하던데 정말인가요?

설마 그런 잘난 체를 하셨을까?

어떻게 알았느냐? 부처님께서는 태어나자마자 하늘을 향해 손가락을 세우시며 이렇게 외치셨지.

천상천하 유아독존

허~걱, 세상 사람들 모두가 평등하고 존귀하다고 하신 분이 왜 그런 말씀을 하셨을까요?

이해가 안돼요

세상에는 자기 자신을 보잘것없는 존재로 생각하고 사는 사람이 많이 있단다.

난 취직도 못 하고 애인도 없고 능력도 없고….

자학
절망
자포자기

45

부처님께서는 그런 자들에게 이렇게 말씀하셨지.

너는 세상에 단 하나밖에 없는 아주 존귀한 존재이니라.

…제…제가요?

그렇다. 어느 누구도 너를 대신할 자 없고, 너 자신만큼 중요한 것이 없다는 생각으로 살다 보면 너의 뜻을 이룰 수 있을 것이다.

2,600년 전 부처님께서는 모든 생명체가 얼마나 중요하고 존귀한 존재인가를 태어나자마자 말씀하신 거란다.

우아~! 그런 깊은 뜻이 있었군요!

며칠 후

오호~ 오공아, 요즘 부처님 말씀을 열심히 실천하더니 확 달라진 것 같구나!

자존
긍지
긍정
자신감

과찬의 말씀이십니다!

귀천

내가 좋아하는 설치작가가 있다. 그는 소위 '키치(Kitsch)'라 불리는 괴상하고, 저속하고, 싸구려 느낌의 제품들을 재료로 즐겨 쓴다. 그러니까 원색 플라스틱 바구니, 끈, 그릇 등을 이용해서 멋지고 화려한 예술작품을 만들어내는 것이다. 아무도 관심을 가지지 않는 초라한 물건들을 가지고 가치를 재탄생시키는 것이다.

가끔 벼룩시장에서 구입한 옷이 명품이 아니냐는 소리를 들을 때, 나는 그를 떠올린다. 그를 떠올리며 나도 그에 비견하는 미적 감각을 갖고 있는 게 아닌가 하는 생각에서다.
사람에 귀천이 없듯, 물건에도 귀천이 없다. 단지 물건을 취하는 사람이 얼마나 뛰어난 안목을 지녔느냐에 따라 결정될 뿐이다.

오늘은 귀천의 구별을 하지 않으신 부처님 이야기를 해주마.
네~스님!
'니다이'라는 이름의 가난한 사람이 있었는데, 그는 마을에 부처님이 오신다는 소식을 듣고 매우 기뻐 들떠 있었단다.
와~!
똥지게
그러나 문득 자신이 비천한 신분임을 깨닫고는 감히 부처님 앞에 나설 생각을 못 하게 되었지.
아~참! 나는 더럽고 냄새나는 비천한 신분이지.
그러던 어느 날 똥지게를 매고 성 밖에 나갔다가 우연히 부처님을 뵙고 숨다가 그만 시궁창에 빠지고 말았단다.
풍—덩!
에구구!
그런 그에게 부처님께서는 손을 내미시며 이렇게 말씀하셨지.
깨끗한 자여, 그대는 좋은 길동무이니라.
제, 제가요?
그 후 니다이는 *비구가 되었고, 그 이야기는 왕의 귀에까지 들어가게 되었단다.
으~ 그런 미천한 자와 함께 교단에 있어야 하다니, 치욕이다!!
왕은 그 길로 부처님을 만나러 절에 갔고 거기서 한 훌륭한 수행자에게 안내를 부탁했지.
부처님께 왕이 왔다고 전해주시오.
오…, 비범해 보이는 수행자로군.
부처님 앞에선 왕은 수행자에 대해 물었단다.
부처님, 방금 전 거룩하신 수행자는 누구십니까? 처음 보는 분 같아서요.
그 수행자는 바로 세상이 비천하다 말했던 니다이 비구입니다.
헉!
일체중생은 모두 내 자식입니다. 거기에는 빈부와 귀천의 구별이 없지요.
이 말씀에 왕은 크게 반성하고 큰 진리를 깨닫게 되었단다.
아…

*비구 : 출가하여 승려가 지켜야 할 250가지 구족계를 받은 남자 승려.

옥야 부인

요즘 아내들의 역할은 집안일에, 맞벌이에,
아이들 돌보는 것까지 점점 더 커지고 있다.
그러다 보니 아내의 힘도 커져 남편을 깔보는 경우도 많다.
상황이 그렇다 하더라도 아내에게 무시당하는 남편은
어디를 가도 기를 펼 수가 없다.
가정에서 무시당하는 사람이 과연 어느 곳에서 힘을 내겠는가?
결국, 남편은 아내하기 나름인 것 같다.
"자기가 최고야!",
"자기는 뭐든지 잘할 거야!"
아내가 매일매일 이렇게 기를 살려주는데
능력을 발휘하지 못하는 남편은 없을 것이다.

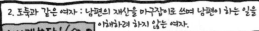

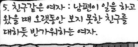

판타카

집 안을 가득 채우고 있던 물건들을 말끔히 정리했을 때,
먼지로 뒤덮였던 방을 깨끗이 쓸고 닦고 정리했을 때,
스모그가 낀 도시가 맑은 하늘을 되찾았을 때,
나는 마음이 안정되고 편안해진다.

최소한 자신의 방, 자신의 집 앞만큼이라도
깨끗하게 유지하려는 사람들이 많아진다면
세상은 좀 더 아름다워질 것이다.

*법문 : 불경에 적힌 글.
*법구 : 범종, 목탁, 법고, 요령 등 불교 의식에 쓰이는 기구.

절의 의미

절을 한다는 것은 여러 의미가 있지만,
특히 자신을 낮추는 데 좋다.
기가 살면 코를 쳐들고 잘난 척하며 으스대다가,
기가 죽으면 고개를 푹 숙인다.
요즘 사람들은 너무 기가 살아서 자신만 잘난 줄 안다.

이런 아집과 자만심을 녹이는 데 절만큼 좋은 것은 없다.
아집과 자만심은 독약 같아서 자신을 죽이는 짓이다.
절을 해서 하심 하는 마음을 가질수록
우리의 인격은 더 훌륭해지고 바른 행동을 할 수 있다.

휴~, 백팔 배 끝!

절을 했더니 몸이 개운한 것이 좋다~♪

스님, 절을 하니깐 너무너무 좋아요. 왜 그럴죠?

오공아, 여기가 어디냐?

여기요?! 절이잖아요!

옳지!

여기가 '절'이니까 '절'을 하면 좋은 거야~♪

으잉~ 스님 썰렁한 농담 마시고요, 제대로 알려주세요!

57

하하하···
공기 좋은 산속, 부처님 앞에서 온 마음과 온몸을 내려놓는데 안 좋을 수가 없지.

오홋, 정말 그러네요.

살아있는 모든 것이 부처가 될 수 있으므로 모든 살아있는 존재들을 사랑하자는 의미로 절을 하는 것이란다.

와~! 그런 큰 의미가!

절은 정신적, 육체적으로 최고의 수행처인 것 같아요!!

운동 부족에 시달리는 현대인들에게 절은 건강을 지켜주는 육체적인 수행인 동시에 부처님께 절을 함으로써 감사의 예를 올리고,

앙굴리말라

스승의 부인이 앙굴리말라를 유혹하자
그는 부인의 유혹을 뿌리쳤다.
스승의 부인은 분노하고 남편에게
앙굴리말라가 겁탈하려 했다고 거짓말을 하게 된다.
스승은 앙굴리말라를 파멸에 이르게 하려고 그를 불러
백 명의 사람을 죽여 그 죽은 이의 손가락으로
목걸이를 만들어 가져오면 도에 이르는 법을
가르쳐준다는 거짓말을 했고,
앙굴리말라는 살인을 저질렀다.

부처님께서는 용서할 수 없는 악행을 저지른 그를
품 안에 거두시고 참회하고 살도록 제도하셨다.
'죄를 미워해도 사람은 미워하지 말라'라는,
쉽지만 행동하기는 어려운 일을 하셨다.

가진 것 다 내놔! 난 돈이 필요하단 말이야, 이것들이!

헉~ 오공아, 지…지금 강도질을 하는 것이냐?

퍽

퍽

돈이 없어요.

으악!

흥분을 가라앉히고 내 말을 들어라.

으…, 스님!

오래 전에 앙굴리말라라는 무섭고 잔인한 살인자가 있었다. 그는 부처님을 해치려고 달려들었지.

그러나 아무리 달려들어 해치려고 해도 따라잡지 못하자 흥분해서 외쳤다.

당장 거기 멈춰라!

나는 오래전에 잔인한 행위를 멈췄다! 이제 네가 멈출 차례다!

뭐~엇!

세상 모든 사람들은 행복해지기를 바라지, 고통 받거나 죽기를 원하는 사람은 없다. 그러니 너의 잔인한 행위를 멈추어라!

부처님! 당신의 말씀을 따르기에는 너무 늦었습니다. 전 너무 많은 사람을 죽였어요!!

그렇지 않다. 늦었다고 생각할 때가 가장 빠른 때이다. 이제라도 마음을 고쳐먹고 나의 제자가 되어라.

아….

툭

55J

앙굴리말라는 스님이 되어 거리로 *탁발을 나갔다. 그를 알아본 사람들은 분노에 차 돌팔매를 했고, 그는 피투성이가 되었다.

죽어라! 살인귀야!

돌을 던지자!

퍽

매일 피투성이가 되어 돌아온 앙굴리말라에게 어느 날 부처님께서 조용히 말씀하셨다.

잘 참고 있다. 너의 업보이니 괴로움과 고통을 참고 견디어라!

네, 부처님!

그 후 앙굴리말라는 *인욕(忍辱) 제일의 제자가 되었고, 성자의 경지에 올랐다고 한다. 이제 느끼는 바가 있느냐?

네~스님, 제가 어리석었습니다.

*탁발 : 승려가 경문을 외면서 집집마다 다니며 보시를 받음.
*인욕 : 치욕스러운 일을 참고 견딤.

저팔계가 권력자가 되니, 손오공이 엄청 친한 척하며….

팔계야, 난 네가 이렇게 될 줄 알았지!

팔계만세

다음 날

내가 팔계와 친구인데 자네가 수고비 정도를 내게 주면 힘 좀 써볼게.

여기 있습니다.

거드름

부실기업자

오정아, 고생하지 말고 나한테 투자하면 열 배로 줄 테니 친구 믿고 투자해라.

정말

오공이가 돌아다닌 곳에는 슬픔과 분노가 휘몰아쳤다.

이 자식이 날 팔고 다녀!

내 돈!

사기꾼 자식!

이게 나를 속여

낄낄, 진짜 사기꾼들에 비하면 이 정도는 사기 축에도 못 끼지.

다들 나 정도는 사기 치고 살잖아, 안 그래?

스님, 저 왔습니다.

오! 오공이가 오랜만에 왔구나. 잘 지냈느냐?

네…, 사업이 잘돼서 돈도 많이 벌고 어려운 친구도 도우면서 그러다 보니 시간이 이렇게 지나갔네요.

스님, 차 한잔 주세요. 목이 말라요.

오공아, 차 대신 내 발 씻은 물을 마셔보지 않으련….

네~에? 스님 어찌 그런 지저분한 말씀을…. 농담 마시고 차나 한잔 주세요.

…

호랑당

쏴

홱

그럼 여기다가 차를 타서 줄까?

…더러운을 버렸소.

그건 스님 발 닦았던 그릇이잖아요. 더러워서 어떻게….

그 안의 균들은 어찌하라구요!

땡 땡그르렁

홱

스님 왜…, 왜 이러세요?

오공아, 저 그릇이 아까우냐?

아뇨. 더러운 발을 닦고 그 물을 담았던 그릇인데 아깝긴 뭐가 아깝겠습니까?

너의 모습이 더럽고 찌그러진 저 그릇과 다르다 할 수 있겠느냐?

저···. 혹시 제가 한 짓을 알고 계셨습니까?

알다 뿐이냐. 너의 눈은 거짓으로 가득 차 있고, 너의 입에서는 뱀의 혀가 날름대고 있는데 어찌 모르겠느냐?

인간은 처음엔 깨끗한 구슬같이 영롱한 마음을 가지고 있단다.

그러나 게으름의 때가, 거짓의 때가, 나쁜 마음의 때가, 어리석은 마음의 때가 묻어···.

점점 빛을 잃어 때가 잔뜩 낀 구슬이 되고 말지.

그때부터 인간은 시커먼 마음을 가지게 된단다.

그래서 우리 모두는 항상 게으름, 거짓, 나쁜 마음 등등이 생길 때마다 부지런히 때를 닦아내야 한다.

마음을 닦아야 하는거지.

지금이라도 늦지 않았으니 죄를 뉘우치고 용서를 구하여라!

스님, 제가 큰 죄를 지었습니다. 모두 돌려주고 죗값을 치르겠습니다.

그려, 그래야지.

더러운 마음

이 이야기는 부처님이 아들인 라훌라를 가르친 부분을 패러디한 내용이다
라훌라는 부처님의 아들이라서 자부심도 대단했지만 가끔 나쁜 행동도 했다.
수행자들 사이에서 라훌라의 나쁜 행동들이 알려지고,
여기저기에서 불만의 소리가 나올 때,
부처님은 라훌라를 조용히 불러 손발을 닦을 물을 떠오게 했다
그 물에 손과 발을 닦으시고 부처님은 말씀하셨다.
"라훌라야, 이 물을 마셔라."
"이 더러운 물을 어떻게 마셔요?"
라훌라가 깜짝 놀라며 진저리를 치자 부처님이 다시 말씀하셨다.
"라훌라야, 사람도 마찬가지다. 더러운 마음을 가지게 되면
아무도 너를 상대하지 않을 것이다."
이 말에 라훌라는 크게 깨우치고 정진을 해서
훗날 십대제자 중에 밀행(密行. 남이 살펴도 알 수 없는 행동)이
제일인 수행자가 되었다.

세상을 초탈하신 부처님도 자식 사랑은 중생과 다르지 않다.

The road©홍성지

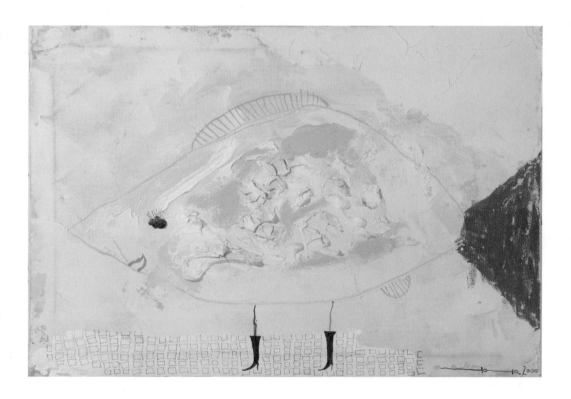

부처에 이르는 길, 팔정도

부처님께서는 자신이 열반하시면서 얻은 결과물들을
여러 중생과 다 함께 나누고 싶었다.
물론 처음에는 "과연 내가 깨달은 것을 중생이 알 수 있을까?",
"고생 고생해서 얻은 것을 또 다른 이에게 이해시켜야 하나." 하는
생각도 했으리라.
고생을 피하려는 자에게 깨달음을 설명한다는 것은 공염불과 다르지 않으며,
깨달음은 문자나 말로 얻는 게 아님을 알고 계셨기 때문이다.
이때 부처님은 중생을 연꽃에 빗대어보셨다.
연꽃은 같은 진흙 속에서도 갖가지 색깔로 피어난다.
여기서 다시 한 번 깨달음을 얻은 부처님은
'중생 안에는 부처가 있다'는 설법을 하기로 결심하셨다.
그 설법의 기본이 바로 팔정도이다.

스님, 인생은 '고(苦)'라고 하는데 어떻게 하면 이 '고'에서 벗어날 수 있을까요?

부처님께서는 깨우치신 뒤 우연히 빔비사라 왕을 만나게 되었단다.

고타마여, 기억하시는지요. 6년 전에 도를 깨우치시면 저를 제도해 주신다고 하신 것을….

기억하지요.

왕의 부탁에 부처님께서는 설법을 하셨단다.

세상은 덧 없으며 우리는 '고' 속에서 살고 있습니다. 고에는 '사고(四苦)'가 있습니다.

1 삶의 고통
2 늙음의 고통
3 병의 고통
4 죽음의 고통

이렇게 네 가지와 함께 더해서

61

5 사랑하는 사람과 헤어지는 고통
6 미운사람과 함께하는 고통
7 가지고 싶은 것을 못 가지는 고통
8 몸과 마음이 왕성할 때 그것을 억제 하는 고통

너무 너무 갖고 싶다!

가지려면이야 가지고 말거야 꼭 가질거야

으아악~! 온몸이 튼튼한데 멋진 여인과 결혼할 능력이 없어 미칠 것 같다!

이상을 합쳐 '팔고(八苦)'라 합니다.

1 정견(正見) 사물을 바르게 본다.
2 정사(正思) 바르게 생각한다.
3 정어(正語) 바르게 말한다.
4 정업(正業) 바르게 행동한다.
5 정명(正命) 바르게 생활한다.
6 정근(正勤力) 바르게 노력한다.
7 정념(正念) 바른 일에 신경쓴다.
8 정정(正定) 바른 명상을 한다.

이 팔정도를 행하면 마음이 맑고 고요해지며 생로병사의 고통에서 벗어날 수 있습니다.

무소의 뿔처럼 혼자서 가라!

사람이 사는 데 있어 사람에게 집착하는 것만큼
힘들고 어리석은 일은 없다.
하지만 그렇지 않은 사람을 찾기란 쉽지 않다.
아기 때는 엄마를, 좀 더 자라면 친구를,
어른이 되면 연인을, 배우자를, 자녀를⋯⋯.
사실 우리는 인생 전부를 누군가에게 집착하다
죽어가는지도 모를 일이다.
그것을 완전히 떨쳐버린다는 것은
그야말로 해탈의 경지에 이르는 것이다.
그러나 최대한 그 집착에서 벗어나고자 노력해야만
불행에서 벗어날 수 있을 것이다.
인간은 어쩔 수 없이 늙어가고 외로우니
혼자서 당당하게 살아가는 연습은
반드시 필요하다.

사람들 속에 섞여 사는 것이 힘듭니다.

일찍이 부처님께서는 '무소의 뿔처럼 혼자서 가라'고 하셨단다.

무슨 뜻이지요?

인도에는 코 위에 뿔이 하나 난 코뿔소가 있단다. 수행자는 자신의 뿔을 당당히 앞세우고 흔들림 없이 돌진하는 코뿔소의 모습에서 이미지를 얻었단다.

이성에게 정을 쏟아 집착하면 괴롭다. 무소의 뿔처럼 혼자서 가라.

아내나 자신에게 집착하는 것은 마치 엉킨 대나무 숲과 같다. 새로 난 죽순과 같이 무소의 뿔처럼 혼자서 가라.

속박 없는 숲 속의 사슴이 한가로이 거닐며 풀을 뜯는 것처럼 지혜로운 자는 홀로 있는 자유를 찾는 법. 무소의 뿔처럼 혼자서 가라.

집에 있거나 길을 걸을 때, 동료와 함께 하면 요구하는 것이 많다. 아무도 탐내지 못하는 자유를 찾아 무소의 뿔처럼 혼자서 가라.

사방 어디에도 미워함이 없고, 얻은 것이 많거나 적거나 만족하며, 두려움 없이 대하면서 무소의 뿔처럼 혼자서 가라.

감각적 쾌락은 우아하고 달콤하지만, 그 해로움을 인식하고 무소의 뿔처럼 혼자서 가라.

으흐흐흐~

63

소리에 놀라지 않는 사자처럼

그물에 걸리지 않는 바람처럼

더러운 물에 물들지 않는 연꽃처럼

무소의 뿔처럼 혼자서 가라.

그대를 해탈로 이끄는 자애, 자비, 기쁨, 평정을 닦으며 세상의 방해 없이 무소의 뿔처럼 혼자서 가라.

해탈

자애 자비

기쁨 평정

욕망, 증오, 어리석음을 버리고 모든 속박을 부숴버리고 죽음에 당면해도 용감히 무소의 뿔처럼 혼자서 가라.

속박

욕망

어리석음

증오

*속세에 살면서 자신의 신념을 지키며 살기란 쉽지 않다. 하지만 '무소의 뿔'을 생각하며 속세에 휘청거리지 말고 당당히 나아가라!

음...!

*속세 : 보통 사람들이 사는 평범한 세상.

지장보살

가끔 유명인이 선행을 하면 색안경을 쓰고
'일부러 의식적인 행동을 하고 있다',
'정치에 입문하려고 밑 작업 중이다' 등의 부정적인 소리를 한다.
물론 그럴 수도 있다.
하지만 우리는 그런 의도라도 선행을 베푼 적이 있는가?
선행을 하고 그에 대한 대가를 받으려 한다면
그것은 이미 선행이 아니다.
그렇다고 나쁜 짓을 한 것도 아니다.
따라서 그의 속마음이야 어떻든 간에
일단 박수를 쳐줄 일이다.
우리는 걸러 듣고, 추려 보면 되는 거고,
혹시 아나?
지장보살이 중생을 구제했던 방편처럼
대중의 바다 같은 사랑에 감동해 진짜 선행을 하게 될지.

스님! 스님! 궁금한 것이 있습니다.

허허 뭐가 그리 급하느냐?

···헥헥

많은 중생들은 부처님이 되는 것이 소원인데···.

스님, 지장보살님은 지옥에서 고통받고 있는 중생들을 구제하기 위해 지옥이 텅 빌 때까지 *성불하지 않겠다고 하셨다면서요?

그렇지.

그럼 지장보살님은 *여래가 될 수 있었음에도 불구하고 지옥으로 가신 건가요?

? ? ? ? ?

그래서 지장보살님 앞에 대원본존(大願本尊)이라는 수식어가 붙는단다.

지장보살님은 극한의 고통을 받은 중생을 위해 모든 것을 희생하시며, 그들을 변호하고, 상처를 어루만지시며, 성불할 수 있도록 도와주시지.

65

부처님께서는 모든 이에게 *불성의 씨앗이 있어 부처가 될 수 있다 하셨는데, 지장보살님은 지옥 중생의 마음속에 있는 불성의 씨앗에 물을 주시는구나!

그렇다고도 할 수 있지. 불교에서는 그 상황에 맞는 방편을 써서 중생을 구제한단다.

안심된다.

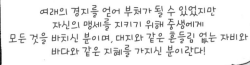

여래의 경지를 얻어 부처가 될 수 있었지만 자신의 맹세를 지키기 위해 중생에게 모든 것을 바치신 분이며, 대지와 같은 흔들림 없는 자비와 바다와 같은 지혜를 가지신 분이란다!

언젠가는 모두 성불 하겠지요.

*성불 : 세상 모든 번뇌를 잊고 깨달음을 얻어 부처가 됨.
*여래 : 부처의 여러 칭호 가운데 하나이자 역사상 석가모니가 자신을 가리킬 때 가장 자주 사용한 칭호.
*불성 : 모든 사람들이 가지고 있는 부처의 본성.

라훌라

어려서 누군가 싸워 이기려하면 장인어른께서는 아내에게
'지는 게 이기는 것이다'라고 말씀해 주셨다고 한다.
성격이 다혈질인 장인어른께서 그렇게 말씀하신 것은
화날 때마다 참지 못하는 당신의 행동이 너무나 후회스러워서일 것이다.
화를 내는 것처럼 어리석고 못나 보이는 것이 또 있으랴!
물론 꼭 화를 내야 할 때는 있지만
사소한 일에도 발끈하며 살고 있지는 않는지
깊이 생각해볼 일이다.

끄~응.
내가 참자 참아.

...

요즘 너를 보니 왕의 손자로 태어났지만 온갖 모욕과 폭력을 참아낸 라훌라가 생각나는구나. 너도 한때 원숭이 나라의 왕이었지!

머~언 옛 이야기지요.

그런데 라훌라는 어떻게 모욕을 참았지요?

라훌라가 스승인 샤리 푸타와 거리에서 수행을 하고 있을 때...

어떤 사내가 나타나 라훌라의 밥그릇을 박살내고 웃으며 행패를 부렸단다.

우하하하! 깨지는 소리가 좋구먼!

끼길끼길

그런 사내를 라훌라가 쳐다보자 시비를 걸었지.

중놈의 새끼가 감히 어딜 빤히 쳐다봐?!

사내는 큰 주먹으로 라훌라를 지칠 때까지 때렸단다.

그만 하시오, 제발.

잠시 후 사내가 가자 피투성이가 된 라훌라에게 스승인 샤리푸타는 이렇게 말했단다.

라훌라야, 참 잘 참았다. 불제자는 화를 내어서는 안 된다!

화를 내는 것은 자기 쪽으로 바람이 부는데 횃불을 들고 가는 것과 같다. 그 불이 자기 자신을 태우는 것이니 화를 참아야 한다.

부처님께서는 욕됨을 참는 것처럼 어려운 일은 없다고 하셨다. 그것은 용기가 필요한 인욕(忍辱)의 보배이니라.

욕됨

용기

스승님, 저는 괜찮지만 저런 악인에게 앞으로 많은 이들이 고통을 당할 것을 생각하니 괴롭습니다!

그자의 악행은 필히 대가를 받을 것이다.

이 사실을 전해들은 부처님께서는 라훌라의 수행정진을 크게 칭찬하셨지. 그 후 라훌라는 부처님의 10대 제자가 되었단다.

자기 위치가 높을수록 대접받기를 원하고 욕된 상황이 되면 불같이 화를 내지, 또한 높은 위치에서 내려오면 큰 절망에 빠진단다. 하지만 그것을 참을 인(忍)으로 이겨낸다면 수행에 큰 도움이 될 것이다.

67

지혜로운 생각

사춘기 아들이 철없이 날뛸 때마다 화가 치밀어 오른다. 그 나이 때 나를 생각해보면 그런 적이 없으니 가끔 답답할 때가 있다. 나는 어릴적부터 꾸준히 그림만 그려서 모든 스트레스를 그림으로 푼 듯하다. 주위로부터 그림으로 칭찬도 받고 자긍심도 대단했었다. 그런 면에서 보면 축복받았다고 생각한다.

그러다 한편으로 생각해보면 아들이 이해되기도 한다. 나 역시 그 나이 때에는 알 수 없는 분노와 불만으로 철없는 짓을 벌이기도 했으니 말이다.

내가 그림을 그리며 감정을 다스리고, 스스로 편안해지는 길을 찾았듯 아들도 자신의 장점이 힘이 되어 삶의 순간순간을 지혜로운 생각으로 채우기를 가슴 깊이 바란다.

아누룻다

아누룻다는 얼떨결에 출가를 했기 때문에
깨달음에 큰 관심이 없었다.
형 대신 집안일을 맡는 것이 자신 없었고,
그것이 부담되어 차라리 출가가 더 낫겠지 하는 생각이었다.
출가한 후 게으름만 피우고
어떻게 하루하루를 꾸역꾸역 넘기고 있었다.
아누룻다는 게으름을 피우며 적당히 지내다가 법문 시간에 졸게 되고,
부처님께 혼이 난 후 용맹정진을 했다.
무언가 깨달았다고 생각했지만 항상 불안했다.
그것을 보고 있던 부처님과 사리풋다는 조언을 했다.
그 말에 아누룻다는 생사를 걸고 노력한 결과
볼 수 있는 육체의 눈은 잃었지만 천안통 지혜를 증득하게 된다.
이 우주에는 공짜 깨달음이란
있을 수 없다는 것을 알게 해주는 일화이다.

세 살 버릇 여든까지 간다고, 한번 길든 업식은 바꾸기가 매우 힘들다.
업식을 바꾸려면 목숨을 걸고 노력해도 될까 말까 한 일이다.

은혜로운 음식

이 은혜로운 음식은 어디서 왔는가?
내가 쌓은 공덕으로 받아먹기에는 부끄럽네.
마음속의 온갖 욕심을 버리고
몸과 마음을 유지하는 약으로 알아
식탐 부리며 과식하지 않고,
깨달음에 도달한 부처가 되고자
이 공양을 감사히 받겠습니다.

이 공양게송을
속으로 읊으며 밥을 먹으면
밥맛이 꿀맛이다!

스님은 산채비빔밥, 나는 육개장, 제육볶음, 순두부찌개에 공기밥 2개 추가!

백초에 저팔계가 들어?

메뉴

그걸 다 먹겠다고?

잠시 후

께~먹!

잘~ 먹었다!

탕 탕

오공아, 설마 이 음식을 다 남기는 건 아니겠지?

요즘 차고 넘치는 것이 음식인데 배 부르면 남길 수도 있는 거 아닌가요?

한 방울의 물에도 천지의 은혜가 스며 있고

한 톨의 곡식에도 만인의 땀과 정성, 노고의 공덕이 담겨 있다.

이 음식을 육신을 지탱하는 약으로 알고 감사히 먹어야 하거늘…

너는 어찌 음식을 함부로 하느냐?

음식 좀 남겼다고 너무 하시네.

그만 하시죠. 먹은 것 얹히겠습니다!

너의 덕행으로 받기 어려운 음식을 남겨놓고 전혀 반성없는 모습이 실망스럽구나!

이크

그날 저녁

스님! 낮에 남긴 것 싸가지고 와서 먹고 있습니다. 다시는 식탐 부리지 않고 감사한 마음으로 적당히, 깨끗이 먹겠습니다.

…냠냠

쩝쩝

그래, 오공이가 스님 말을 몸으로 실천하는구나. 기특하구나!

마음의 양식

얼마 전 프랑스와 우리나라에서의 중산층 개념을 비교한 내용을 어느 책에서 본 적이 있다. 먼저 우리나라에서는 30평 이상의 자기 명의 아파트, 통장 잔고가 1억 이상이며 월수입이 500만원, 자동차는 2000cc급 이상, 일 년에 한 번 이상 해외여행을 갈 수 있는 여유. 이상의 것을 누리고 살 수 있는 자라고 기술했다.

반면, 프랑스는 다음과 같은 질문으로 중산층의 개념을 정리했다.

다룰 수 있는 악기가 있는가?
의사소통을 자유롭게 할 수 있는 외국어를 1개 이상 할 수 있는가?
직접 즐기는 스포츠가 있는가?
남들과 다른 맛을 내는 요리를 할 줄 아는가?
사회문제에 대한 공적인 분노를 의연히 견딜 수 있는가?
약자를 도우며 꾸준한 봉사활동을 하는가?

우리와 프랑스의 중산층 개념이 이토록 다르다는 걸 보고 많은 생각을 했다.

*용맹정진 : 용맹하게 나아가 노력을 다해 수행함.

망상

여행을 다녀오거나 함께 밥을 먹거나 한 후에
꼭 '괜히 거길 갔어', '별로 맛이 없었어'라고 말하는 이가 있다.
물론 별로 재미도 없고, 맛도 없었을 수 있다.
하지만 그 순간 함께 있었다는 것,
그곳의 공기와 경치를 만났다는 것만으로도
즐겁게 생각할 수 있는 것이다.

어느 여행자가 말했다.
'난 늘 그곳을 할 일 없이 걷기 위해 여행을 한다'

한번 지나간 순간은 다시 오지 않는다.
그 순간순간에 빠져 즐기고 최선을 다하는 것이
인생을 잘 사는 것이리라.

77J

허걱! 10kg이나 늘었다!

내일부터는 무조건 하루에 한 끼다!

불굴의 의지을 보여주마

팔계야, 그리 먹고 버틸 수 있겠느냐?

넵! 무슨 일이 있어도 지킬 것입니다!

진지

어허

며칠 뒤

우걱 우걱

도저히 못 참겠다. 일단 먹어주자!

아니…, 살을 빼다더니 더 쪘냐?

그게…, 저…,

디룩 디룩

몸보다 마음이 더 중요한 것을 깨닫고 열심히 불경 공부를 해서, 모든 것을 다 깨우쳐 버리겠습니다.

히~ 죽

반야심경

관음경

꿀꿀 좋다. 졸려 한 권도 못 외우겠다.

비몽 사몽~

음냐

팔계야, 그런 식으로 행동하는 것은 너무 극단적이다.

죄송합니다. 극단적으로 일을 하니 잘 안됩니다.

음…

부처님은 깨달음을 얻기 위해 극심한 단식과 고행을 6년이나 하셨다.

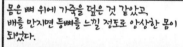

몸은 뼈 위에 가죽을 덮은 것 같았고, 배를 만지면 등뼈를 느낄 정도로 앙상한 몸이 되었다.

이렇듯 고행을 극으로 치닫게 하셨을 때….

아… 이렇게 쇠약하고 아사 직전의 힘 없는 육체 속, 혼미함 속에서…

과연 맑고 선명하며 편안한 마음을 느낄 수 있을까?

이런 마음과 육체의 부조화 속에서는 아무것도 깨달을 수 없음을 아셨다.

부처님은 마침내 근처 네란자라강에 가셔서 목욕을 하고 단식과 고행을 멈추셨다.

그때 소 치는 이의 딸인 난다바라는 부처님께 유유죽을 공양하였고,

유유죽을 드신 후 배고픔을 잊고 편안함을 얻으셨다. 그리고,

양극단에 치우쳐 행동함을 멈추고 중도의 길을 택하셨다.

극단 극단

만일 팔계가 알맞은 다이어트와 공부를 했다면 훨씬 효과적이었을 것이다.

…

한 번에 무엇이든 끝장을 보려는 극단적인 생각을 멈추도록 노력하겠습니다.

개인적인 문제뿐 아니라 우리 사회도 내 생각만이 옳고 남의 생각은 무조건 그르다는 극단에 치우친 행동으로 서로에게 큰 상처를 주고 있다.

으르릉

양극단에 치우친 몇몇 지도층의 무책임한 행동으로 인하여

학벌교육

인성교육

수많은 사람들이 피해를 보고 있다.

극단 극단

저런 놈 상대하지 마!

상대하자고 해도 안 한다!

이럴수록 더욱더 부처님 말씀을 실천하고 정진해야 합니다!

그렇지! 그것 만이 세상을 맑고 향기롭게 할 수 있단다.

양극단

지금 지구 상에서 일어나는 모든 문제들은
중도를 찾지 못하고 극단에 치우쳐서
생겨난다고 해도 과언이 아니다.

중도란 가운데 자리가 아니라
가장 적절한 자리, 최상의 자리를 뜻한다.
자유와 방종도 아닌, 독재도 아닌,
극심한 빈부의 격차도 아닌,
지나친 개발이나 보호도 아닌
우리 모두가 합의한 최상의 사회.
그것이 우리가 후손에게 물려줄 영원한 유산이다.

In the country road©홍성지

사랑에 굶주린 아귀

가끔 국어사전을 뒤적이며
내가 입 밖으로 내는 말들이 제대로 된 것인지 확인해본다.
그러다 확인한 사실 하나.

사랑 : 어떤 사람이나 존재를 몹시 아끼고 귀중히 여기는 마음. 또는 그런 일.

사랑이 이런 거라니!
하루에도 '사랑합니다, 고객님!'을 수십 번씩 듣는 세상.
난 그냥 인사말인 줄 알았건만.
장난감 사줘, 옷 사줘, 네가 술값 내.
이걸 에둘러 표현하는 말인 줄 알았건만.
지독하게 속아서 나마저도 속이고 있었다.

사랑은 진짜 그런 거다.
너무 크고, 버겁고, 감격스러운 거다.
내가 사랑하는 사람으로 열 손가락을 채우지 못하는 것도,
사랑하기보다 사랑받는 게 더 힘들다는 이유도 그래서다.
그러니 누군가 사랑한다고 하면 일단은 꿀떡꿀떡 받아먹을 일이다.
다만, 미리미리 목구멍을 늘려놓아야 한다.
사랑은 목구멍이 보통 크지 않고서는
쉽게 삼킬 수 있는 말이 아니기 때문이다.

육신을 탐닉하지 말라!

얼굴값을 한다는 말이 있듯 웬만하면 자신의 외모 상태를 알기 마련이다. 외모가 좋은 사람이 평범한 사람보다 호감을 더 받고 소득도 높다고 한다. 하지만 그런 외모의 소유자들도 마음이 뒷받침해 주지 못한다면 사람들의 관심 속에 오래가지 못한다. 외모가 맘에 들어 마음을 보지 않고 불 속에 뛰어드는 불나방처럼 속전속결로 결혼했다가 불행히 사는 부부를 많이 보았다. 반면 외모는 별로지만 마음씨가 좋아 결혼한 부부는 결혼 생활이 오래될수록 그 사랑이 더욱 깊어가는 것을 자주 본다.

물론 꼭 그렇다는 건 아니다.
다만 분명한 것은,
마음이 따스하고 아름다운 사람을 알아보는 데는 시간과 노력이 필요하다는 것이다.

끙끙!

팔계야, 많이 아프냐?

····

얼마 전에 만났던 향숙이가 너무 보고 싶어요.

어디가 그리 좋더냐?

너무너무 커다란 눈, 오똑한 코, 오동통한 입술, 비단결 같은…, 흥~ 말 못해요.

피부란 말이지, 팔계야, 옛날에 한 비구가

말을 자르시네

어쩌냐?

죽기 직전이군

너처럼 상사병에 빠졌는데, 도저히 안 되겠다 싶었는지

부처님께서는 비구를 데리고 그 여자에게로 갔단다.

기쁨(환희)

부처님 이러시면 안되요

그런데 그녀는 안타깝게도 며칠 전에 죽었던 거야. 슬픔에 잠겨 그녀를 본 순간… 비구는 여자의

아이고

동동

오 내사랑

너무나 변해버린 모습을 보고 충격에 빠졌단다.

내가 진정 사랑한 것이 무엇이 있을까

부처께서는 육신은 똥이 가득 찬 아름다운 도자기와 같다고 하셨다.

아름다운 아가씨 어디 가요?

마려서 누러 간다.

에이 더러운 육신 죽어라!

팔계, 또 오버한다!

절대로 육신을 함부로 해도 된다는 뜻은 아니다. 너무 집착하지 말라는 말이지.

얼 얼 얼

끙끙

아프겠구나

며칠 뒤

팔계씨 나 잡아 봐라

향숙씨

오호호호

마음이라고 하려는데 스님이 피부라고 말씀하신 것 같은데요.

그러게.

85 J

두 번째 화살

일어날 만한 일이 일어난 거야.
문제는 다음!
걱정에 사로잡힌 욕망에서 벗어나야 해.

생긴 것은 개떡 같이 생겨서 재수 없어!

그렇게 명해 있으니까 되는 일이 없지!

왜? 내가 내 입 가지고 말하는데 니들이 X랄이야!

야! 내가 먼저 하는 거 안 보여? 눈깔을 팍!

오공아, 말을 그렇게 함부로 하면 어떡하니?

그냥 아무 생각 없이 나오는 대로 말해서 그래요. 스님한테는 안 그럴 테니 걱정마셔용~

끙

ㄱ갑죽 ...ㄱ간죽

겁먹은 사뀴

이 녀석아! 나 한테만 안 하면 그만이냐?

쿵

애구

중국 남북조시대에 양무제라는 황제가 있었다. 그는 불심이 지극해 *불심천자(佛心天子)라 했을 정도였지.

그에게는 함두대사라는 분이 계셨다.

대사님, 존경 합니다!

어느 날 나라의 중대사를 논하기 위해 함두대사를 모셨는데 양무제가 마침 신하와 바둑을 두고 있었다. 신하에게 바둑을 몇 번 지자 자존심도 상하고 화도 났다.

이놈이 한 판도 안 져주네.

어서 두셔요!

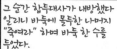

그 순간 함두대사가 내방했다 알리니 바둑에 몰두한 나머지 "죽여라" 하며 바둑 한 수를 두었다.

죽여라!

함참 시간이 흐른 뒤

근데 함두대사는 왜 안 오시느냐?

죽이라고 하시기에 죽였습니다.

갑자기 죽이라고 해서 놀랐음요.

그 소리를 듣자마자 양무제는 기절해 버렸다.

쿵

아이고 엉엉엉

이 일을 어쩐다?

정신을 차린 후 함두대사가 남기신 말을 물었다.

과거에 어떤 *사미승이 실수로 지렁이 한 마리를 죽였다. 여러 생이 지나 그 지렁이가 지금의 양무제가 되고 그때 사미승이 바로 나다!

오공아, 아무 생각 없이 한 말이나 행동이 엄청난 과보로 돌아올 수 있음을 알아라.

네~

참 정감 있는 얼굴이야.

누워만 있지 말고 일 좀 찾아봐~

내가 먼저 했으니 조금만 기다려.

알았어. 입조심 할게, 미안!

*불심천자 : 가사를 입고 불교 경전을 설파한 양나라의 무제를 일컫는 말.
*사미승 : 출가를 하여 십계를 받은 어린 남자 승려.

양무제와 합두대사

누구에게나 말을 함부로 하는 사람들이 있다.
그들은 자신의 말이 어떠한 결과를 몰고 오는지는 생각하지 않는다.
일단 뱉어내고 본다.
이런 일들은 개인끼리도 문제지만
양무제처럼 권력이 있는 자가 혀를 잘못 놀렸을 때
국민들은 거의 재앙 수준의 고통을 받을 수 있다.
옛날 절대군주 시절에는 그런 무능한 권력자를
몰아낼 수 있는 방법이 목숨을 건 혁명뿐이었지만
오늘날에는 혀를 함부로 놀리는 정치인은
국민의 투표로 몰아낼 수 있다는 것이 불행 중 다행이다.

89

자선단체기부

불우이웃돕기

절, 전탑 건축

보시

다 내게 오라. 돈을 주마.

다 투자 아니겠어. 나중에 몇 배로 챙길 방법이 있지!

저팔계! 너 속이 보인다, 보여!

와

확

그… 그걸 어떻게 알았냐? 뭔가 엄청 바라면서 선행을 하는데….

인도에서 부처님의 사상을 알리려고 오신 달마대사와 중국 황제 양무제의 이야기를 해주마.

짐이 이렇게 수천 개의 사찰과 탑, 수만 명의 승려를 키웠으니 하늘과 땅에 내 공덕이 가득가득 하겠지?

공덕을 바라는 행위는 공덕이 될 수 없다!

무공덕 이옵니다!

음…, 그럼 불교의 첫째 가는 교리는?

섭섭

無….

없습니다!

음…, 배짱이 대단해 목숨이 수천 개나 되나? 아주 면박을 주네.

불교의 정신은

지지릿

청정한 지혜를 깨우쳐 아는 것이지 말로 표현할 수는 없는 것입니다.

정신은 어디 가고 껍데기만 널려 있구나.

당시의 불교는 자신의 내적인 수양과 실천은 뒷전이고 거대한 사원을 짓고 말로만 떠드는 거창한 불교였어.

우~아, 달마대사님 말씀 하나하나가 내 가슴을 파고 든다.

그렇기 때문에 너처럼 돈으로 공덕을 사려 한다면…

*무간지옥에 갈지도 모른다고.

천

진정으로 깨우치고 바라는 바 없이 선행을 하는 자는 크나큰 공덕을 쌓는 것이지만

사리사욕을 채우기 위해 행하는 것은 나쁜 업을 쌓는 것이다!

버둥

버둥

나쁜 업

버둥

*무간지옥 : 여덟 지옥 중의 하나로 부모를 죽이거나 부처의 몸에 피를 나게 하는 등 무거운 죄를 지으면 가게 되는 지옥.

달마대사와 양무제

남북조시대에 양무제는 제나라 옹주 자사로 양양을 지키고 있었다.
그는 제나라 왕실이 혼란에 휩싸이자 양나라를 세웠고,
불심천자라 불릴 정도로 수많은 불사를 해 복을 지었다.
그러나 그는 달마대사를 알아보지 못하는 우를 범하고
나중에 가서야 자책을 하며 이런 비를 세웠다고 한다.

대사님을 보고도 알아보지 못하고
만났지만 만나지 못했다.
그때나 지금이나 후회막심하고
천추의 한이 될 뿐이다.

우리 주위에는 자신에게 약이 되는 말을 해주는 사람들이 있다.
그러나 그를 알아보지 못한다면 양무제처럼 후회하게 된다.

세계 곳곳에서는 크고 작은 전쟁이 계속되고 있습니다!

우아~ 불이다!

저 곳만 불타는 것은 아니지.

오잉~ 저기 말고 또 불난 곳이 있어?

그럼 불타고 있지! 우리는 윤회의 세 가지 영역 속에 있단다.

쿵쿵

욕계: 지금 우리가 살고 있는 욕심 부리고, 화내고, 마음이 복잡한 세계!

다 내꺼야!

내꺼란 말이야

지구

색계: 욕심, 화, 마음의 번뇌 등은 없지만 형상만 존재하는 곳.

무색계: 모든 집착을 버리고 물질은 존재하지 않는 정신적인 세계.

윤회계는 우리에게 평화와 안심을 주지 못해.

색

·····

불안과 구속, 두려움

욕계 색계 무색계

부처님은 삼계를 불안과 위험 속에 불타는 집에 비유하셨다.

어느 날 많은 종을 거느리고 살던 부자의 큰 집에 불이 난 거야.

헉, 불이다!

그 집 안에는 부자의 자식들이 놀고 있었어.

얘들아, 빨리 나와라! 집에 불났다!

하지만 노는 데만 정신이 팔린 아이들은 아버지 말을 무시했지.

싫어요! 재미있게 노는데 귀찮게 하지 마세요!

노는 데 저리 집착을 하니 어찌할꼬?

앗, 그래. 아이들은 수레를 좋아하지!

얘들아, 염소, 사슴, 황소가 끄는 수레를 줄게, 어서 나와라!

정말이야, 아빠!

와, 멋지다!

털썩

어~휴, 살았다.

우리가 집이 불에 타고 있는 줄도 모르고 세상의 물질, 명예, 성공에 눈이 멀어 집착에 빠져 있을 때, 부처님의 말씀은 하얀 황소가 끄는 수레처럼 우리를 구해주는 도구란다!

그렇구나. 전쟁이 난 곳만 불타는 것이 아니라 세상 모든 것이 타고 있구나.

불타는 집

법화경에 나오는 이 이야기는
부처님이 여러 방편으로 중생을 구제한다는 의미로
불이 났는데 그걸 모르고 노는 데에만 정신이 팔린
자식들을 보고 있는 부모의 심정을 나타낸 것이다.
부모는 자식들을 구하기 위해서
사슴, 염소, 흰 소 세 가지 동물들이 끄는 수레 중
최고로 좋은 흰 소가 끄는 수레를 준다.
불교에서 흰 소는 가장 고귀한 부처의 일승을 의미하기 때문이다.

소중한 것을 지키려면 가장 아끼는 것을 주어야 한다.

부처님은 이와 같다.
부처님은 모든 존재의 부모이기 때문에
존재하는 모든 것들의 고통을
무한한 사랑과 자비의 마음으로 베푸신다.

97

침~묵

스님, 제가 얼마 전에 전국에 있는 사찰 몇 곳을 다녀왔습니다.

그런데 거의 모든 스님이 차를 주셔서 고맙게 잘 마셨는데 불교와 차는 어떤 관계가 있는지요?

아주 재미있는 전설을 이야기해 주마. 달마대사가 9년간 벽만 보고 참선을 하던

어느 날

꾸벅

부릅

내가 졸았나?

꾸벅

도저히 참을 수 없다!

부르릅

계속 졸음이 오자 달마대사는 눈썹을 뽑아

마당에 버렸다.

잠이 확 깨네.

그 눈썹이 땅에서 자라나 차나무가 되었다고 한다.

그럼 찻잎이 달마대사의 눈썹?!

흐흐흐~

저도 졸리면 눈썹을 뽑는데 잠이 확 깨더라고요.

그 후로 차를 마시면 정신이 맑아지고 참선을 하는 데 도움이 된단다. 또한 '우리 모두를 깨어나게 한다'는 의미도 있단다.

차의 성분을 분석해 보아도 건강에 매우 좋다고 한다.

눈썹이 없으니 허전하군.

차를 음미하니 마음이 편안하고 차분해지네~

달마의 눈썹

절에서 스님이 주시는 차의 깊은 향과 맛에 정신을 집중하다 보면
맑고 청량한 대나무 숲 바람이 불어오는 듯한 기분을 받는다.
요즘 차 문화는 커피와 청량음료, 과일 주스 등에 밀려나고 있으나
우리나라에서는 삼국시대부터 깊은 산, 강에서 차를 음미하며
정신세계를 다듬었다.
또 차에는 카테킨이라는 성분이 있어
각종 암, 성인병 억제에 도움이 된다고 한다.
이렇게 정신과 육체 건강에 모두 좋은 차 문화를 불교가 계승하고 있다.

달마대사가 9년간 벽만 보고 수행한 이유가 무엇인가요?

소통이 되지 않는 무지한 인간들의 아집에 연민을 느껴서일 것이다.

차라리 벽을 대하는 것이 인간을 대하는 것보다 낫다. 감정, 욕심이 없는 이 물체에….

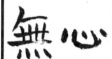
하루 종일 벽만 보면 아무 생각도 나지 않는다.

無心

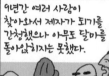
9년간 여러 사람이 찾아와서 제자가 되기를 간청했으나 아무도 달마를 돌아앉히지는 못했다.

그러던 어느 날 자신의 팔을 잘라 바치며 소리치는 사람이 있었으나…….

우리에게는 두 가지 결론 뿐입니다!

당신께서 돌아앉아 나를 제자로 받아들이거나 제 목을 당신께 바치거나!

너의 사체는 필요 없다. 너야말로 내가 원하던 제자다!

그가 바로 혜가였다.

와~우, 참으로 드라마틱하고 강렬한 만남이었군요.

도를 위해서 모든 것을 바칠 각오가 된 자가 혜가였다.

혜가는 그 후 열심히 정진했지만 불안했단다.

스승님, 열심히 정진을 해도 마음이 불안합니다.

그럼 그 불안한 마음을 가져오너라. 내가 안심시켜 주마.

아무리 찾으려 해도 불안함을 찾을 수 없구나.

순간 번쩍하고 깨달았다고 한다.

이제야 알겠느냐? 혜가야!

달마의 *안심법문을 듣고 혜가는 큰 깨우침을 얻고 선종의 2대 조사가 되었단다.

정말 불안함은 어디에도 없군요!

*안심법문 : 법과 진리 속에 있어 더 이상 업식에 끌려다니지 않고 마음이 편안해지는 법의 문에 들어섬.

달마와 혜가

마음이 평화롭고 근심이 없는데도 불현듯 불안함이 느껴질 때가 있다.
너무 평화롭고 행복하면
'이건 내 것이 아니야,
혹시 이 행복 뒤에 불행이 숨어 있을 수도 있어' 하며
불안해하는 것이다.
이 불안함은 우리 스스로가 만드는 생각의 지옥이다.

인간은 항상 근심을 찾고 있는 존재이므로
스스로 만들어 놓은 이 생각의 지옥에서 빠져나오려면
가장 먼저 마음을 다스려야 하고,
그 방법의 으뜸은 참선이다.

부처님께서는 바르게 생각하고….

부처님께서는 말씀하셨다. 중생은 행동을 바르게 하며

중생이 깨닫기 위해서는 욕심을 버리고….

예휴, 아무리 좋은 말을 들어도

내 마음은 이렇게….

오공아, 부처님이나 여러 경전에서는 방법을 설하는 것이지.

너의 마음까지 조절해주지는 않는단다!

오공아, 밥 먹자.

네-에!

아~ 해야지.

아~

씹어서 먹어야지.

얼~음!

그것도 부처님이 해주세요.

귀찮아요!

그것만은 너 자신 이외에는 아무도 해줄 수 없는 것이란다.

아… 그렇지~ 그걸 왜 몰랐을까?

제 아무리 훌륭한 경전이나 위대하신 분들도 방법 이외에는 가르쳐줄 수 없으며 그 후의 깨우침은 자신만이 할 수 있는 것이다.

오직 정진하고 공부하며 노력해야지 가만히 앉아서 다 될 거라는 착각에 빠지지 말라는 말씀이시군요.

그렇지!

자신만이 할 수 있다!

지금 내가 부처님의 뜻에 따라 살아가려는 것은
부처님의 좋은 말씀이 나의 마음을 움직였기 때문이다.
그중에 이런 말씀이 있다.
"어떤 절대자에게 의존하기보다 나 자신을 먼저 바꾸고
내가 스스로 부처가 되라."
아무리 훌륭한 가르침이 있어도
스스로 깨닫지 못하면 아무 소용이 없다.

깨달음이야말로 오직 자신만이 할 수 있기 때문이다.

99

까오, 성격이 불같네!

니 X은 미친X랑하는 거야. X가리를 X샤버려.

마치 걸레를 혀로 삼은 듯한 더러운 말투….

적당히 좀 해라. 너무 격분하는 거 아냐?

내 알 바 아냐. 내가 기분 나쁘면 내 맘대로 하는 거야.

너나 잘하라구! 이 원숭이 같은 놈아!

한주먹 거리도 안되는게

알았다구.

스님, 저런 사람은 어떻게 해야 하나요?

부처님은 음….

성냄에는 세 가지 모양이 있다고 하셨다.

자주 화내고 오래가는 사람은 바위에 새긴 것이요.

자주 화를 내지만 오래가지 않는 사람은 흙바닥에 쓴 것이요.

화가 나지만 금방 사라지는 사람은 물에 쓰는 것이다.

우리가 성냄을 흐르는 물처럼 대해야지 가슴에 새긴다면 본인뿐 아니라 타인에게도 위험을 줄 수 있다.

부처님은 성내는 사람들에게 성냄은 불길과 같은 것이어서 그 불길이 남도 태우지만 자기 자신이 제일 먼저 불탄다고 하셨다.

성냄의 세 가지 모양

살다보면 화날 일이 생긴다.
내가 바보 같은 짓을 해서 남을 화나게 하기도 하고,
남이 나를 화나게 하기도 한다.
하지만 화를 어디다가 새기느냐에 따라 화가 사라지느냐
아니면 계속 나를 괴롭히느냐가 정해진다.

화는 강물에 새겨야 한다.
마음속에 커다란 강물을 만들어
그곳에 화를 흘려보내면, 그 화로 인해
자신을 태우는 바보 같은 짓은 하지 않아도 되니 말이다.
반대로 행복했던 일은 돌에 새겨야 한다.
행복했던 일들을 잊지 않고 살다보면
어려운 일이 생겨도 다시 일어날 힘이 생긴다.

나쁜 것을 빨리 흘려보내고,
좋은 것은 꼭꼭 새겨두는 인생이
잘 사는 인생이 아닐까 생각해본다.

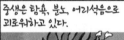
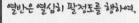

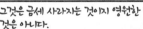

*열반 : 타오르는 번뇌를 지혜로 꺼서 일체의 번뇌와 고뇌가 사라진 상태

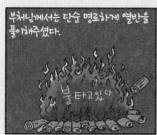

부처님께서는 단순 명료하게 열반을 풀이해주셨다.

불타고있다

불이 꺼졌다.
그 불은 어디로 갔는가?

그야, 불은 나무가 타는 거니까 나무가 다 타버려 더 이상 타지 않는 거지요.

그렇다. 나무가 있었기에 불이 있었고, 나무가 없으면 불도 없다.

중생이 고뇌와 고통으로 가득 찬 삶을 사는 이유는…

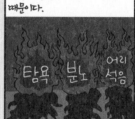

탐욕과 분노, 그리고 어리석음 때문이다.

탐욕 분노 어리석음

우리는 그것을 알고 있지만 멈추지 못한다.

도저히 못 참겠다.

탐욕 분노 어리석음

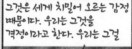
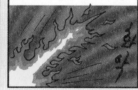

그것은 세게 치밀어 오르는 감정 때문이다. 우리는 그것을 격정이라고 한다. 우리는 그걸

알고 있지만 멈추지 못한다.

도저히 못참겠다.

치미는 격정을 조절하지 못하면 큰 문제가 생긴다.

으악 으아악

석유

하지만 세게 치미는 감정을 영원히 꺼버릴 때,

완전한 평화와 조용한 편안함을 느낄 수 있다.

이런 상태를 열반이라고 한다.

그럼 제가 격정을 느낄 때, 절에 와서 편안함을 느끼는 것은 순간적으로 열반을 느꼈던 거군요.

그렇다고 할 수 있지. 순간순간을 이어서 영원한 열반을 느낄 수 있도록 노력하거라.

네~에.

Corner of the square canvas©홍성지

열반이란 무엇인가?

그림을 그리다 보면 탐욕, 분노, 어리석음 등이
그림에도 드러나곤 한다.
감당도 못 할 욕심을 부리거나 화나는 일이 있거나
딴 생각에 사로잡힌 채 작업을 하면
그림이 확실히 경직되고 내 마음에도 들지 않는다.
그림이야말로 자신의 마음을 그대로 드러내는 것이기에
어쩌면 당연한 일인지도 모르겠다.
그래서 나는 탐욕이 일어나면 의로움에 맞는지 살피고,
분노가 생기면 백을 세면서 마음을 가라앉히고,
어리석은 짓을 하는 게 아닐까 염려가 되면,
나보다 나은 사람을 찾아가 조언을 구한다.

105

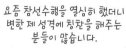

*여래십호 : 부처님의 위대한 덕성을 열 가지 호칭으로 부르는 말.

*여래십호

'그 사람은 법 없이도 살 사람이야',
'어느 상황에서도 낯빛이 안 바뀌고 항상 밝은 멋진 녀석이야',
'대단해. 마음이 무슨 태평양같이 넓어. 도인 같은 사람이야'
이런 사람과 함께 있으면 기분도 좋다.
'그 녀석은 눈치가 없어서 같이 있으면 짜증이 나',
'입이 너무 싸서 비밀을 말할 수 없는 사람이야',
'맨날 귀찮다는 말을 달고 다녀서 볼 때마다 피곤해'
이런 사람과 함께 있으면 왠지 불편하다.

사람 사이에는 평판이 그만큼 중요한 것이다.
여래십호 중 어느 경지에도 다다르지 못했지만
평판으로 보는 나는 어떨지 생각해본다.

107

에이, 내가 나가야지!

기분도 울적한데 운동으로 기분을 전환시키자….

농구를 하던 중…

괜찮으세요?
빨리 119 불러!

병원
오공아, 어쩌다 이리 되었느냐?
저런 일이 있었어요.

기분이 안 좋고 화가 난 상태에서는 몸이 굳어져 있고 흥분되어 있기 때문에 운동을 하면 사고가 날 확률이 많아진단다.

이럴 때는 차분히 마음을 가라앉게 할 수 있는 산 속이나 냇가 근처에 가는 것이 좋단다.

그걸 몰랐어요. 너무 후회되네요. 아침에 싸움만 안 했어도 이런 일은 없었을 텐데.

부처님 말씀 중에 어떤 원인으로 사고가 난 것을 첫 번째 화살을 맞았다고 한다.

그때 정신을 차리고 '이만하면 다행이지' 하고 마음을 잡으면….

그걸로 업이 해소되고 끝나지만 상대방이나 자기 자신을 원망하거나 분노해 경거망동을 하면 두 번째 화살이 날아온다.

네가 시비만 안 걸었어도 이런 일이 없잖아!
어따 손가락질이야. 뭐든지 내 탓이냐?
음….
그만 싸우세요.

이런 식으로 또 한 번 더 화살을 맞게 되고,

자식들은 그걸 보고 나쁜 영향을 받게 되지. 그러면 계속 화살을 맞는 꼴이 된다.

그러므로 현명한 자는 첫 번째 화살은 맞을지언정 두 번째, 세 번째, 네 번째…, 계속되는 화살은 맞지 않느니라.

두 번째 화살을 맞지 마라!

사랑하고, 결혼하고, 아이 낳고, 열심히 일해서 집 사고……,
성실을 기본으로 살아도 첫 번째 화살은 맞게 마련이다.
더 매력적인 사람에 끌리기도 하고, 아이에게 더 많은 걸 해주고 싶고,
더 좋은 집에서 살고 싶기도 하고……,
인간이기에 어쩌지 못하는 오욕이 화마가 되어 돌아오는 것.
그것이 첫 번째 화살이다.
문제는 탐욕이다.
탐욕은 두 번째, 세 번째, 무수한 화살을 맞게 한다.
다른 이성을 넘보고, 자신의 이익을 위해 약한 사람을 괴롭히고,
자신의 감정을 조절하지 못하고 분노하면
계속 화살을 맞아 고슴도치처럼 된다.
그러니 지혜로운 자는 더 이상 화살을 맞지 않기 위해
자신의 내면을 살피고 수행해야 한다.

부처님, 저는 열심히 일해서 부자가 되었습니다. 그런데 어느 날

불이 나서 모든 재산이 재로 변해버렸습니다.

다시 정신을 차리고 재산을 모아 부자가 되었으나 얼마 되지도 않아 이번에는 홍수가 나서….

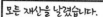

모든 재산을 날렸습니다.

으…, 목숨만 겨우 건졌다.

쏴~아

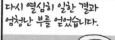

다시 열심히 일한 결과 엄청난 부를 얻었습니다.

그런데 이번에는 나쁜 왕과 도적이 나타나서

다내놔!!

왕

도적

으 크흐흐흐

ㅋㅋㅋ

제 재산을 빼앗아가 버렸어요!

어떻게 해야 재산을 지킬 수 있습니까?

열심히 모은 재산을 불쌍한 이들을 위해 베풀어 복(福)을 지어라.

약을 베풀면 질병의 공포에서 벗어나게 되고,

약 약 약 약

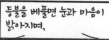

등불을 베풀면 눈과 마음이 밝아지며,

옷과 침구를 베풀면 편안하고 안락한 생활을 하게 된다.

옷 침구

좋은 음식을 베풀면 항상 창고가 가득 차게 된다.

많이 드세요.

또한 그 누구도 너의 복을 허물어뜨릴 수 없을 것이다.

福 福 福 福 福 福 福

복

사람은 누구나 많은 돈을 갖고 싶어한다.
하지만 주위를 둘러보면 무소유를 실천하신 법정 스님,
아힘사를 실천하신 간디와 같이 자신을 절제하며 사신 분들을 존경하며
그분들의 길을 가려 하는 사람들도 많다.
물질은 어느 한순간에 사라질 수 있고,
그 물질에 기대어 얻은 행복이라면 늘 불안할 수밖에 없다는 걸
알고 있기 때문이다.

그렇다면 사라지지 않는 것은 무엇일까?
바로 물질로 지어 놓은 복이다.
물질은 덜어내면 덜어낼수록 줄어들지만
복은 베풀고 나눌수록 늘어난다.
그래서 물질이 다 사라진 후에도 복은 계속 나눌 수 있는 것이다.

자고 나니 졸부가 되고, 눈을 감았다 뜨니 신용불량자가 되는 세상.
내일 일을 알 수 없는 초고속 불안사회.
진실하고 영원한 행복을 원하는가?
그렇다면 지금 가지고 있는 것으로 복을 지을 일이다.

부처님께서는 인생은 '*고해(苦海)'라고 하셨다.

그 고해 속에서 치는 파도가 고뇌이다.

고뇌 속에서 중생은 울부짖는다. 파도는 멈추라면 멈추고, 치라면 치는, 우리 마음대로 할 수 있는 물질이 아니다.

번뇌에 치를 떨며 살지만

그럴 필요는 없다. 치를 떨어도 번뇌는 오고 안 떨어도 온다.

그러므로 우리가 그것에 예민하게 반응하여 30의 아픔을 90으로 느낄 필요는 없다.

오히려 겁먹지 않고 당당하고 느긋하게 받아들인다면 90의 고통이 30으로 느껴질 수도 있다.

세상이 어찌 맑은 아침의 햇살일 수만 있으며, 또한 폭풍우 치는 흐린 날일 수만 있으랴.

흐린 날도, 맑은 날도, 번개 치는 날도, 저녁놀 지는 아름다운 날일 수도 있는 것이 인생이다. '다만 그러하다'라고 생각하며 산다면 고해를 건넌다고 괴로워 할 일 또한 없으리라!

*고해 : 현세(現世)의 괴로움이 깊고 끝없음을 바다에 비유하여 이르는 말.

고해

"힘든 일이 없으면 그것이 인생이냐?"
"걱정없는 집은 세상 어디에도 없다!"
"젊어서 고생은 사서도 한다."
나이가 지극하신 어르신들이 흔히 말씀하신다.
어떤 고난과 역경, 걱정도 별것 아니라는 듯이 말이다.

그분들의 얼굴에 새겨져 있는 주름을 보면
비바람에 패인 바윗돌 표면이 연상된다.
그만큼 그분들도 근심, 역경을 맞이했으리라.
분명 좋아서 그런 말씀을 하시는 것은 아니고
비바람과 폭풍을 이길 수 없으니 굳게 마음먹고
맞아야 할 때는 당당히 맞으라는 뜻일 것이다.
그것이 지나가면 또다시 맑은 날이 오고,
견딜 힘이 생길 것이니……

117

저는 열심히 돈을 벌어 경제적으로, 정신적으로 행복하게 해주었지만 그것에 만족하지 않는 마누라 때문에 아주 괴롭습니다.

우리 아버지는 매일같이 노름과 가족들에게 폭언과 폭행을 하시며 저희들을 괴롭히고 있습니다.

저는 몸이 허약해서 조금만 과로하면 며칠 동안 쉬어야 합니다. 한참 벌어야 할 나이에 이러고 있으니까 기가 막힙니다.

남편이 의처증이 있어 너무 힘들어요.

저는 자식들이 돈 내놓으래요.

· · ·

사기를 당해 죽고 싶습니다.

상사가 괴롭혀.

부처님께서 길을 가시는데 죽은 아이를 안고 울부짖는 여인이 다가왔다.

부처님, 제발 이 아이를 살려 주세요. 이 아이를 묻을 수는 없어요!

부처님께서는 가엾은 마음으로 그녀를 보시고 한 가지 *방편을 설하셨다.

이 아이를 살리려면 한 번도 사람이 죽은 적 없는 집의 겨자씨를 가져 오너라.

그녀는 부처님의 말을 듣고 온 세상을 헤매다니며 겨자씨를 구하려 했지만 죽음이 찾아오지 않은 집은 한 곳도 없었다.

아버님께서···

어머님이··· 흑!

나도 자식을 잃었어요.

그녀는 삶에 대해 크게 깨달음을 얻고 아이를 묻어 주었다 한다.

세상의 모든 숨 쉬는 존재들에게 고통이 없는 존재는 존재하지 않는다.

그러므로 누구나 다 겪고 있는 것이니 나만 아픈 것처럼 고통스러워 말고 담담하고 의연하게 받아들이고 대처하라.

*방편 : 지붕에 올라갈 때 쓰는 사다리나 강을 건널 때 쓰이는 뗏목처럼 중생을 인도하기 위해 마련한 수단.

고통 없는 존재는 존재하지 않는다

때로는 세상은 참 불공평하다고 느낄 때도 있고
또 어떤 때는 참 공평하다는 생각을 할 때가 있다.
주로 불공평하게 생각될 때는
나만 세상에서 제일 불행하고 힘들다고 생각할 때이고,
공평할 때는 나만 이렇게 불행한 것이 아님을 알 때이다.
죽고 싶거나 힘든 일이 있을 때
병원이나 시장에 가 보라.
나만큼은 다 힘들고, 나만큼은 다 아프지만
하루하루 열심히 살고 있음을 알게 될 것이다.
그러니 엄살떨지 말고 그냥 사는 거다.

부처님께서 머무시던 곳에 프라세나지트라는 왕이 있었다.

그는 자주 부처님과 스님들께 의식주를 공양했다.

그러던 어느 날 큰 *연등회를 열었는데…

그곳을 지나가던 가난한 여인이 겨우 번 돈으로 등불공양을 하려고 기름집에 갔다.

먹고살기도 힘들텐데…, 두 배로 넣었수.

고마워요.

그 여인은 간절한 마음을 빌었다.

저도 부처님처럼 되기를 기원합니다.

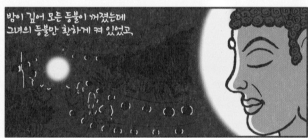

밤이 깊어 모든 등불이 꺼졌는데 그녀의 등불만 환하게 켜 있었고,

연등회가 다 끝나 스님들이 불을 끄려해도 꺼지지 않았다.

그 등불은 가난한 여인의 지극정성이 들어간 등불로 미래에 부처를 이룰 수 있는 공덕이 가득 차 있다.

그 말을 전해들은 프라세나지트 왕은 부처님을 찾아왔다.

부처님, 저는 엄청난 재산을 보시했습니다. 저에게도 한 말씀 해 주세요.

불법은 미묘하여 하나로도 얻을 수 있으나 수만으로도 얻기 힘든 경우도 있습니다.

자기 자신을 절제하고 겸손하며 공덕을 내세우거나 자랑해서는 안 됩니다. 진실한 마음으로 보시를 행하여야 합니다.

왕은 부처님의 말씀을 듣고 깊게 깨달았다.

제가 참으로 부끄러운 생각을 했군요.

*연등회 : 석가모니의 탄생일에 불을 켜고 복을 비는 의식.

가난한 여인의 등불

때때로 힘들여 모은 재산을 가난한 이웃이나
장학금으로 선뜻 내놓는 사람들을 만나게 된다.
그런 소식을 들을 때마다
'바로 저런 사람들이 살아있는 부처가 아니겠는가?' 하는 생각이 든다.
가족들도 만류했을 것이고,
주위 친인척들도 다시 생각해보라고 했을 터인데
모두 이해시키고 베푼다는 것은
가져도 가져도 더 가지고 싶은 인간의 본성에 비추어볼 때
결코 쉬운 일이 아니었을 것이기 때문이다.

오랜 세월 고생하며 모은 재산을 공덕으로 여기고,
이 공덕을 주위와 나누고자 하는 자비의 마음을 보며
그 공덕은 힘든 사람들에게 가서 일어설 힘이 되고,
일어난 사람들은 그 힘으로 다시 공덕을 쌓고,
이런 일이 반복, 또 반복되어서
행복한 세상의 주춧돌이 되리라 믿어본다.

117

속세에서 정신없이 일하다가

절에 와서 부처님께 절하고 참선하고 나면 몸과 마음이 청정해지고 행복합니다.

불교의 고사성어 중에 맹구우목(盲龜遇木)이라는 말이 있다. 그 뜻은 넓은 바다~

깊은 바닷속에 있는 눈먼 거북이가

백 년에 한 번씩 물 위로 목을 내 놓는데 우연히 구멍 뚫린 판자 밖으로 내민다는 뜻이다.

이 얼마나 어려운, 확률적으로 불가능한 일인가?

인간 몸을 받아 태어나기도 쉽지 않은데 거기다가 불교에 귀의할 수 있는 것은 큰 축복인 것이다.

그러므로 불법의 바른 진리를 듣고, 실천하고, 깨달아서 아름답고 향기 나는 삶을 살아야 한다.

네, 명심하겠습니다.

맹구우목

매주 로또를 구입하던 시절이 있었다.

그 시절에는 '로또만 당첨되면 인생살이 고생 끝 행복 영원이다'라는 기대감과 설렘으로 일주일을 살았다. 하지만 계속 꽝이 되자 '도대체 1등은 언제 당첨되는 거야. 한두 달도 아니고' 하는 짜증이 밀려왔다.

'얼마나 오래 구입해야 당첨이 될까?' 하며 확률을 계산할 때쯤 우연히 맹구우목이라는 글을 읽었다. 부처님의 법에 따르면 인간으로 태어난 것은 세상 그 어떤 행운과 바꿀 수 없는 복에 당첨된 것이다. 이 큰 행운도 모자라 로또 당첨이나 꿈꾸며 아까운 시간을 허비하다니…….

맹구우목의 깊은 뜻을 알고 난 뒤, 나는 로또 사는 일을 그만두었다.

스님! 나름대로 불심으로 열심히 살아왔지만

저에게는 부처님이 말씀하신 '진리의 순간'을 느낀 적이 없습니다!

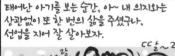

태어난 아기를 보는 순간, 아~ 내 의지와는 상관없이 또 한 번의 삶을 주셨구나, 선업을 지어 잘 살아보자.

나이가 많은 분을 보는 순간, 아~ 나도 나이 듦은 피할 수 없다. 이제 내 삶이 끝나기 전에 선업을 지어야겠다.

병든 자를 보고 병이 들면 누구나가 저렇게 고통스러운데 건강할 때 열심히 선업을 쌓아야겠다.

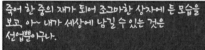

죽은 사람을 보는 순간, 아~ 나도 죽을 것이다. 모든 존재는 사라지는 것이니 지금 이 순간이라도 선업을 지어야겠다.

죽어 한 줌의 재가 되어 조그마한 상자에 든 모습을 보고, 아~ 내가 세상에 남길 수 있는 것은 선업뿐이구나.

이렇게 진리의 순간은 우리 앞에 나타나지만 소수의 중생들만이 깨닫는다.

부처님을 느낍니다!

제가 의식하지 못했던 순간 순간들이 바로 '진리의 순간들'이었군요!

그렇다. 깨어 있어야만 그 순간을 깨닫고 더 높은 경지에 이를 수 있다.

진리의 순간

'나는 먹고 싸고 자면서 도를 닦는다. 먹을 때는 먹는 것에 도를 집중하고 쌀 때는 싸는 것
에만 도를 집중하며 잘 때는 자는 것에 도를 집중할 것이다'
이 말은 먹을 땐 일주일 굶은 듯 오롯이 밥에 정신을 쏟아 먹고, 배설할 때는 몸의 모든 배
설물을 다 버리겠다는 마음으로 배설을 하며, 잘 때는 누가 옆에서 헤비메탈을 연주해도
잠을 잘 자라는 말씀이시다.

쾌식! 쾌변! 쾌면 !

들으면 들을수록, 이렇게 생각하고 저렇게 생각해도 맞는 말인 것 같다.
먹고, 싸고, 자는 시간이 바로 진리와 만나는 순간이고,
도를 닦듯이 이를 잘 수행해 내는 것이 자신에게 선업을 쌓는 일일 테니 말이다.

121

요즘 세상과 종교계가 시끌시끌합니다.

시끌 시끌

종교계

들썩 들썩

모든 것은 부처님 말씀대로 행하지 않아서 생긴 일이다.

어떤 말씀을 하셨는지요?

어느 날 부처님을 찾아온 파세나디 왕은

어떤 종교인에게 보시를 해야 합니까? 부처님이시여.

급히 일을 맡길 사람이 필요해 알아보았는데 얼마 후 귀족 집안에 잘생긴 청년이 찾아왔습니다.

저에게 맡겨 주십시오.

호감 100%

오홋!

잠시 후 또 다른 청년이 찾아왔는데 그는 천한 노예 출신이었습니다.

제게 맡겨 주세요.

비호감100% 응!

그런데 귀족 출신에다 잘생긴 청년은 딴짓이나 하며 빈둥거리고, 천한 출신인 청년은 왕이 원하는 바를 잘 알고 잘 처리했습니다.

끙.
불만

여기요! 그렇지, 그렇지.

만족

왕께서는 누굴 선택하겠습니까?

당연히 비천해도 일 잘하는 청년이지요.

그렇습니다. 종교인도 그의 형상이나 출신, 지위보다는 그가 갖춘 인격과 덕성이 중요합니다.

종교인은 그에 맞는 능력과 행동이 없다면 진정한 종교인이라 할 수 없다는 말씀이시다.

명심 할게요!

우리 마음속의 부처님을 뵙고 부끄럽지 않은 종교인이 되려면 정진! 또 정진하여야 한다.

참된 종교인

나는 종합 종교인이다.
불교, 기독교, 이슬람교, 도교, 유교 등 종교에 대한 편견이 없다.
그렇게 된 계기는 여러 종교를 공부하다 보니
기본 가르침은 다 똑같다는 생각이 들었기 때문이다.
하지만 자신의 종교에 너무 맹신한 나머지
다른 종교에 반감을 가지거나 무시하는 사람과 한 자리에 있으면
가슴 깊은 곳에서 답답함이 밀려온다.
그러다 답답함이 목까지 차올라 힘들어질 때
언젠가 칼럼에서 본 이야기 하나를 떠올린다.

어떤 심리학자가 공사장에서 수레를 끄는 인부를 만났다.
흥미로운 것은 다른 인부들은 모두 수레를 밀고 가는데
그 인부는 수레를 끌고 가는 것이었다.
심리학자가 물었다.
"다른 사람들은 모두 수레를 밀고 가는데, 선생님은 왜 수레를 끌고 가나요?"
그러자 인부가 퉁명스럽게 대답했다.
"수레를 하도 밀고 다녔더니 꼴 보기 싫어서 그랬소!"

수레를 밀고 가면 평생 수레만 본다.
종교를 밀고 가면 평생 종교만 본다.
'나한을 만나면 나한을 죽이고, 보살을 만나면 보살을 죽이고,
부처를 만나면 부처를 죽이고, 조사(祖師)를 만나면 조사를 죽여라'라는
임제선사의 말씀처럼 참된 종교인이 되려면
사람을 중심에 두고 종교도 넘어설 줄 알아야 한다.

'나'라는 존재는 흙으로 가죽, 근육, 골수, 뼈, 털, 이, 발톱, 손톱 등을 만들었고

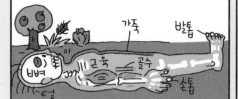

물로 피, 진액, 정기, 침, 거품, 오줌, 똥 등을 만들었다.

이렇게 정신을 넣을 육체를 만든 후, 과거의 업보, 인간으로 태어날 만한 자격 등이 인연이 되어 '나'의 정신을 만들었다.

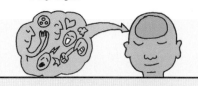

이 '나'는 형태, 감각, 생각, *지어감, 의식에 의해 움직이며

주위 환경에 의해 끊임없이 변하고 있으며,

운명에 의해 좌지우지 되며,

강한 벽에 부딪혀서 터져버린다.

터진 조각들은 화살이 되어 나에게로 날아온다.

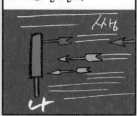

나는 이 화살을 피할 수 없어.

하지만 과녁이 사라진다면 다섯가지가 만드는 고통은 갈 곳을 잃는다.

나를 초월하면 *오온(五蘊)에서 벗어나 자유로울 수 있다.

*지어감 : 눈, 코, 귀, 혀, 몸으로 느끼고 생각하여 나를 움직이게 하는 것. 오온의 행(行)을 불교식으로 이르는 말.
*오온 : 색(色), 수(受), 상(想) 행(行), 식(識)의 다섯 요소로 불교에서는 생멸 변화하는 모든 것을 말함.

모든 것은 '나'로 인해 시작된다.

나?!

'나'는 명예, 재물 등이 있으면 기가 산다.

우~와 기살아

으헤~기죽어

명예, 재물

한 번 이것을 잡으면 절대 놓지 않으려 한다.

콰~악

명예 재물 기타 좋은 것을...

머릿 나

영원히 소유하려던 것이 사라지는 순간,

딱 뻥뻥

쿵

나

'나'는 절망한다.

나는 아무것도 아닌 살덩어리야.

끼깨~깽

부처님께서는 '공'을 설하셨다.

空

지금의 '나'라는 것이 누리는 것은 영원하지 않다. '나'조차도 영원하지 않은데 어찌 내가 누리고 싶은 것이 영원하랴.

안녕

명예

그러므로 모든 것은 '공'하다.

空

125

'공'하면 인생은 무의미하고 허무한 것입니까?

뭐하러 일을 하고 명예를 얻으려 노력하냐?

벌러덩

이렇게 자빠져 있으련다.

'공'은 그러하므로 끝없이 변화하는 물질 세계에서 집착하거나 함몰되어 인생을 괴롭게 살지 말고 '공'을 깨달아...

물질

환경의 지배에서 벗어나

물어

환경

나

물어

나

환경

공을 모를 때

'공'을 알 때

'나'라는 망상을 버리고 진정한 나를 찾고

빠

직

망상

망상

천상천하 속에 거닐 수 있는 부처님이 될 수 있는 깨달음인 것이다.

An inelutable destiny©홍성지

나와 공

천상천하 유아독존이란 말은
참으로 많은 의미와 가르침을 포함하고 있다.
하늘 위, 하늘 아래 오직 나만 존재한다.
언뜻 듣기에 거만하기 짝이 없는 말이라고 생각하기 쉬우나
그 뜻을 알면 알수록 큰 가르침을 느끼게 된다.

세상엔 누구 하나 중요하지 않은 사람이 없고,
무엇 하나 소중하지 않은 것이 없으며,
거저 얻어지는 것 또한 없다.
나의 주위로 흐르는 배경과 물질은
단지 내가 있음으로 존재하는 것일 뿐,
나를 대신하거나 나를 넘어설 수도 없다.
그러므로 이 세상에서 가장 소중한 것은 '나'이고,
내 인생의 주인공 역시 '나'인 것이다.

내가 이 세상에서 제일이다.
이 얼마나 나의 존재를 행복하게,
그리고 존엄하게 이끄는 말씀인가!

삶 자체가 긴장의 연속, 일어나서 정신을 차리면

온몸이 쑤신다.

으...

저지부둥

허겁지겁 집을 나와 대중교통을 이용해 직장으로 간다.

멍...

직장에 도착하면 첩첩 쌓여있는 일을 처리한다.

긴장감이 하루종일 우리를 엄습한다.

분발 하세요!

이번 분기 판매가 완전 엉망이에요.

이런 스트레스는 일상화되어 어느 정도 버틸 수 있다.

기상 출근 반복 일 퇴근 휴식

하지만 여기에다 가족 간의 갈등, 사회조직 간의 지나친 경쟁, 건강문제, 미래에 대한 두려움 등,

아프시다!

부부싸움 으르렁

저 쪽이 싹쓸이 했어!

멍

건강문제! 으..., 심장이!

퇴사해!

회사

공포가 밀려온다.

결국 몸에 이상이 생겨 병원에 가면

이 약 드시고, 스트레스 받지 마시고 편안한 마음으로 푹 쉬세요.

의사

누군 쉬기 싫어서 안 쉬냐? 먹고사는 건 누가 책임지고...

마음이 아파 종교인을 찾으면

믿으라 오직 믿음만이 너희를 구한다!

믿는다고 다 해결되면 세상이 왜 이러냐?

세상 무엇도 우리의 문제를 해결해 줄 수 없음을 깨달았다.

물론 잠시 마음의 안정을 줄 수도 있지.

부처님께서는 이렇게 말씀하셨다.

누가 누구에게 의지할 수 있으며, 누가 나만 의지하라 말할 수 있겠는가! 오직 자기 자신을 의지하고, 진리에 의지하여 나 자신을 등불 삼고, 진리를 등불 삼으라!

모든 것을 이겨 나갈 근본은 나 자신! 나 자신을 등불 삼아, 이 칠흑같은 세상을 밝혀 나가리라!

근본은 나 자신

부처님께서 반열반에 이르실 무렵에 시자인 아난다가 여쭈었다.
"부처님께서 안 계시면 저희들은 누구에게 의지하고,
누구에게 가르침을 얻습니까?"
그러자 부처님이 말씀하셨다.
"모든 근본은 너 자신이다.
스스로를 의지처로 삼고 법을 의지처로 삼아라.
너 자신 안에 이미 다 갖추어져 있다."

129

자신이 정신 똑바로 차리고 부처님의 법과 나를 등불 삼아
지금 이 순간 누리며 사는 것이 안심이요, 행복이다.

정치인들이 하는 일들이 너무 불만스럽습니다.

허허허, 요즘 오공이가 정치에 관심이 많은가 보구나.

네, 가슴 아픈 사건 사고가 빈발하고 사회적 합의 없이 진행되는 여러 일들이 많아서 답답합니다.

음….

에휴~

부처님께서는 한때 왕자셨지. 출가를 하지 않으셨다면 왕이 되셨을 것이다.

어느 날, 히말라야 근처 암자에 앉으셔서 조국의 불행한 사태를 접하시고 생각을 깊게 하셨다.

내 조국의 왕이 되어서 법대로 행하고, 남을 공격하지도, 공격 당하지도, 슬프게 하지도, 슬픔을 주지도 않는 낙원을 만드는 것이 더 좋은 일일까?

그 순간 악마가 나타나

부처님이여, 그렇게 하소서. 지상낙원을 종교가 아닌 정치로 하심이 좋을 듯합니다.

아니다! 저 히말라야만 한 황금 덩어리를 주어도 인간의 욕심은 만족하지 못한다. 지혜로운 이는 돌과 황금을 같은 것으로 생각해야 한다.

악마는 더 목청을 높이며

그래서 부처님께서 나서야 한다구요! 그런 사심없는 정치가 세상을 바꿉니다.

정치도 인간이 하는 것. 인간의 마음을 성숙시켜 좋은 정치를 할 수 있도록 도움을 주는 것이 중요하다. 종교나 정치나 하나의 목표는 결국 우리 모두의 행복이 아니겠느냐!

이와 같이 생각하신 부처님께서는 중생 제도에 더욱더 정진하셨다.

아, 그렇군요.

독선적이고 무엇이든 통제하려 드는 무능한 정치인을 뽑는 것도 우리의 능력이요.

청정하고 사리사욕 없이 진정 나라를 위하는 정치인을 뽑는 것도 우리의 능력 아니겠는가!

종교와 정치

현실정치에 분노하던 시절, 우연히 집안 어른과 대화를 나누다 화가 치밀어 오른 적이 있다. 그 이유는 그 어른이 형편없는 어느 정치인을 칭찬하셨기 때문이다. "저분은 훌륭한 인격을 갖추었기 때문에 저 자리에 있는 것이다." 나는 흥분하면서 그 사람의 무능을 하나하나 토해내듯 꺼내 놓았다. 그러자 그 어른께서는 "너의 그 부정적인 관점과 어떻게 해서든 나쁜 면만 끄집어내려는 심보만큼 한심한 것은 없다."라고 말씀하셨다.

종교에도 정치에도 힘의 논리가 있다. 내가 분노할 때 저들은 힘을 키웠고, 내가 자포자기할 때 저들은 사람들을 자기 편으로 세뇌시켰다. 그래서 나는 약자가 되었다. 어른 말씀이 맞다. 내가 욕하는 사람들이 만들어가는 세상에서 나는 애송이일 뿐이다. 내가 분노하며 울분을 토한다고 눈 하나 깜짝 하지 않는다. 하지만 가슴 깊은 곳에서 '어디 나도 한번 열심히 바꾸어 보자' 하는 오기가 올라오는 이유는 뭘까?

부처님, 장사 잘 되어서 돈 많이 벌게 해주세요.

부처님께 소원을 빌었으니 장사가 잘 되겠지.

며칠 뒤
시무룩
부처님, 요즘 장사가 안 돼요. 좀 도와주세요.
며칠 전에도 부탁드렸잖아요.

축~욱
팔계야, 표정이 왜 그리 어둡냐?

부처님께 장사 좀 잘되게 해 달라고 빌었는데 안 이루어져 실망이에요.

너 어제도 빈둥빈둥 게으름만 피우고, 낮잠만 자던데 장사가 되겠냐?

쿵~꾹
팔계야! 너의 소원에 대한 부처님의 *가피(加被)는 '*불방일(不放逸) 하라!' 이니라.

그게 무슨 뜻이지요?

네가 원하는 걸 얻으려면 '게으름을 피우지 말고 부지런히 자신의 일에 최선을 다하라'는 뜻이다.

항상 부처님께서는 뿌린 대로 거둔다고 하셨다. 어찌 게으름만 피우는데 일이 잘되겠느냐?
식재료는 다음에 구입하자.
손님도 없으니 한잠 자자!
오랫된
청소는 힘들어, 나중에….
화

그런데 뭐 특별한 묘수가 없을까요?

모든 것은 기본에서 시작한다. 게으른 자를 어떠한 묘수가 부자로 만들 수 있겠느냐?

세상의 수많은 처세, 성공에 대한 강의나 책을 보아라. 기본적인 것에 현란한 어휘와 경험을 붙여 새로운 것처럼 보이는 것일 뿐.
기본

물론 좀 더 쉽고 좀 더 좋은 경험을 간접 체험할 수 있는 경우는 될 수 있으나,

기본이 안 된 자들에게는 아무 소용없다!
너 같은 애.
헉!

다음날
스님, '불방일'을 실천하니 장사가 아주 잘됩니다.

잘되었구나! 그것이 현실적이고 명확한 부처님의 가피이니라!
촬랑

*가피 : 부처님이나 보살이 자비를 베풀어 중생을 이롭게 하는 것.
*불방일(不放逸) : 불성을 성취하기 위하여, 항상 익히고 항상 수행하며 그만두지 않는 것을 말함.

불방일

그림을 그리고 글을 쓰는 일을 하다보니 여러 작가를 만나게 된다.
정말 놀라울 정도로 뛰어난 그림 솜씨를 가진 작가가 의외로 많다.
하지만 그런 작가가 다 일이 많거나 좋은 책을 내지는 못한다.
게으름과 나태함이 있는 한 그들의 그림을 많은 사람들이 볼 길이 없다.
아무리 좋은 보석이 있으면 무엇하랴!
땅속에 묻혀서 나오지 않으면 아무 소용이 없는 것을.
이 세상에서 성공하는 가장 큰 무기는 성실함일 것이다.
성실함이 능력 못지않게 중요하다는 것은 작업을 해보면 알게 된다.

부처님께서 설법을 하셨다.

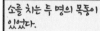
소를 치는 두 명의 목동이 있었다.

목동은 우기에 강을 건너야 할 상황이 생겨 소 떼를 끌고 강가로 나갔다.

음메

한 목동은 저쪽 강변과 이쪽 강변의 상황을 면밀히 조사하지 않고 급하게 강을 건너갔고,

뭘 일 있겠어.

첨벙

또 다른 목동은 물살이 빠른지, 느린지, 깊은지, 낮은지를 몇 번이나 확인하고 건넜다.

이쪽은 너무 빨라.

여기가 깊지 않구나.

쏴

첫 번째 강을 건넌 목동의 소들은 강물에 휩쓸려 많은 소가 익사하고 목동 또한 죽을 뻔했다.

아이고, 내 목숨만 건졌네.

두 번째로 건넌 목동은 무사히 모든 소와 강을 건널 수 있었다.

다행이다. 모두 건너서….

지도자들은 자신의 행동에 따라 수많은 사람의 운명이 극명하게 나뉘어질 수 있음을 각인하며,

나를 따르라!

어디로 갈까?

저와 함께 갑시다.

불행

행복

지도자를 따르는 이들은 자신이 따르는 지도자가 합리적이고 현명하게 일을 처리하는지를 지켜보아야 한다.

내가 하자는 대로 해!

움직임!

우리 의견은 이렇습니다.

당신들의 의견을 반영하겠습니다.

이러한 안목을 갖추지 못한다면 능력없는 지도자들이 득세하여,

오호~

뜻대로 하소서.

무능력 지도자

독선과 아집, 극단, 분열로 세상을 불행의 나락으로 끌고 갈 것이다.

따라 와!

불행의 나락

질질

그것을 미연에 방지하고 평화롭고 행복한 세상을 만들기 위해서는 각자 지혜로운 선택을 해야 할 것이다.

아웃!

지혜의 힘

지도자의 능력

세상이 삭막해져 모두들 자신의 이익만을 추구한다.
만일 지도자마저 이로움만을 따진다면
국민들도 자신의 이익 추구에 몰두할 것이다.
돈이 안 되는 일은 안 할 것이며, 오직 자신의 이익만을 위해 살 것이다.
그 길은 파멸의 길이다.
이로움을 따질 것이 아니라 의로움을 따져야 한다.
의로운 사람이 이익 때문에 가족을 버리는 것을 보지 못했고,
의로운 사람이 이익 때문에 남을 고통에 빠지게 한 것을 본 적이 없다.
이익이 되건 안 되건 나의 의로움으로 지켜야 한다.
의로움이 지도자의 기본이 되어야 국민들도 의로운 행동을 하게 된다.

사회적으로 명예나 직위가 높은 자들의 무책임한 행동에 아쉬울 때가 많습니다.

히말라야 깊은 산속에 원숭이들이 살고 있었다. 그들은 망고를 먹으며 평화롭게 살고 있었지.

원숭이 왕은 망고가 너무 맛있어서 인간 세상에 들어가지 못하도록 조심시켰단다.

항상 조심해야 한다.

네!

어느 날 우연히 강으로 떨어진 망고는 원숭이 나라의 재앙으로 돌아오게 된다.

풍덩

망고를 맛본 인간의 왕은 군사를 이끌고 강 상류로 올라오게 된 것이다.

냐

또 맛보고 싶어!

저기 원숭이들이 망고를 먹고 있다! 활을 쏘아라!

오~워 워억 ~ 떨떨

그 순간, 건너편에 있던 원숭이 왕은 ….

빨리 건너가거라!

원숭이들은 왕의 등을 밟고 건너편으로 무사히 도망가게 되었다.

마지막으로 건너던 원숭이의 무게에 버티던 힘이 빠져서

원숭이의 왕은 물에 빠지고 만다.

첨 벙

그 광경을 지켜보던 인간의 왕은 원숭이 왕을 구했으나

지친 왕은 죽음 직전에 이르게 된다.

세상의 모든 생명체를 행복하게 살 수 있게 하는 것이 왕의 임무입니다.

인간의 왕은 깊은 감명을 받았다. 명예나 지위가 높은 자는 원숭이 왕의 행동을 마음 깊이 새겨 솔선수범하는 행동을 보여야 할 것이다.

노블레스 오블리주

전업경이라는 경전을 보면 코살라국 신하들과
프리세나지트 왕의 관계가 재미있게 표현되어 있다.
그중에 놀라웠던 사실을 발견하게 되었다.

부처님이 사시던 시절, 코살라국은 초강대국이었다.
그 나라의 신하들은 부처님께 귀의해서
권력과 재산을 중생들과 나누어 쓰고
내 것을 가지지 않았다고 한다.
2,500년 전 부처님의 제자로 살면서
희생과 나눔을 실천했던 코살라국 귀족들의 행동은
현재의 노블레스 오블리주와 비슷하다는 생각이 든다.

권력을 가진 자의 진정한 자기 희생과 선행은
사회의 어떤 아픔도 씻어낼 수 있는 감로수와 같다.

137

차 향이 참 좋습니다.

스님, 한번 운명지어진 사람은 그 운명을 벗어날 수 없지 않습니까?

어느 날 너와 비슷한 질문을 한 왕에게…

인생을 사는 방법에는 4가지가 있습니다.

어둠에서 어둠으로 가는 삶은 가난하고 어렵게 살면서 악업을 쌓아 더욱더 비참하게 사는 것이요.

어둠에서 밝음으로 가는 삶은 가난하고 어렵게 살면서도 선업을 쌓아 귀하게 잘 사는 것이요.

밝음에서 어둠으로 가는 삶은 귀하게 자라 좋은 교육, 물질적 풍요 속에서 살지만 악행을 저질러 비참하게 사는 것이요.

밝음에서 밝음으로 가는 삶은 귀하게 자라 좋은 교육, 물질적 풍요 속에서 살면서 선행을 베풀어 더욱더 행복하게 사는 것입니다.

이와 같이 운명은 내가 하는 말과 행동으로 이루어진 것이지 절대자나 신에 의해 정해지는 것은 아니다.

운명

언젠가 아내에게 아들이
"사주팔자가 뭐예요? 그런 게 진짜 있어요?"
하고 물었다고 한다.
아내는

"사주팔자가 없다고 할 수는 없겠지. 예를 들어 한날한시에 태어난 두 아이가 있다고 하자.
한 명은 돈 많은 부모 밑에서 태어난 덕분에 좋은 공부방을 가졌고, 다른 한 명은 가난한
부모 밑에서 태어나 공부방도 없이 산다면 누구의 사주팔자가 좋겠니? 당연히 전자가 좋
다고 하겠지. 하지만 좋은 공부방을 가지고 태어났어도 게으르고 나태해 실패만 한다면 그
사주팔자는 아주 고약한 것이 될 테고, 비록 공부방이 없어도 열심히 공부하고 노력해서
꿈을 이룬다면 그 아이의 사주팔자는 좋은 게 되겠지."

라고 대답했고,
아들은 가만히 듣고 있었다고 한다.

팔계! 넌 빈둥거리며 시간만 죽이고 있냐. 옛 선사가 '일하지 않는 자 먹지도 말라' 하셨다.

중국 *백장회해 선사의 일일부작 일일불식을 말하는 것 같은데 적절한 비유가 아닌 것 같다.

선사가 말한 것은 노동의 소중함이 아니라 수행의 소중함이다!

백장회해 선사가 속해 있던 선종에서는 '인간의 모든 행동은 수행이다'라고 정의했다. 먹는 것, 일하는 것, 배설하는 것조차 모두가 수행이지, 노동을 찬양하는 것이 아니란다!

요즘 노동을 해서 재화를 창출하지 못하면 사회에서 멸시를 당하지, 어찌 인간을 재화 창출의 도구로만 인식하는 것일까?

재화 창출의 능력이 없거나 재산이 없으면 혈육 지간이라도 멸시를 당한다.

사람은 마음을 보아야지 물질만 보니 어찌 행복하겠는가?

얼레, 팔계 말을 듣고 보니 그러네….

팔계야, 수행한다고 생각하며 생활하니 몸과 마음이 편안해지고 네가 인격체로 보여!

*백장회해 : 중국 백장산에 살았던 당나라 선승.

일일부작 일일불식

좀 낭만적으로 시골의 농부가 일 년 사계절 자연의 변화를 살피며
씨를 뿌리고, 물을 주고, 꽃을 피워 열매를 거두는 것을 보면
'이것만 한 예술이 없으며, 이것만 한 수행이 없구나' 하는 생각이 든다.
물론 돈을 벌기로 치면 사장님, 회장님에 비할 게 못 되니
이분들의 노동을 우습게 볼 수도 있겠다.
우리는 연봉이 노동의 가치를 대변하는 세상에 살고 있으니 말이다.
그러나 그분들은 매계절 매절기마다 자연과 호흡하고,
자연을 느끼고, 자연에서 보람을 얻으니
농사짓는 일을 꼭 돈으로 볼 건 아니다.
"일하지 않으면 먹지도 말라!"는 백장회해의 말씀도 마찬가지로
노동자는 기계와 같은 생산수단이라며 해고중심 경영전략을 펴시는 사장님,
책상에 명패만 놓아두고 골프장으로 출장가는 관리님, 임원님,
출근해서 증권, 점심 먹고 쇼핑, 퇴근 전에 메신저로 대충 일과를 채우는 과장님,
열심히 일해봐야 자본가 배만 불린다며 이력서 쓰기에 보람을 느끼는 대리님들이
함부로 가져다 쓸 말이 아니다.
백장회해는 노동을 돈 이전에 삶의 행복을 가져다주는 신성한 행위이자
자신을 완성해가는 수행의 하나로 보고 이 말씀을 하셨기 때문이다.

돈의 가치관에 따르면 일하는 모든 곳은 곧 지옥이고,
일하지 않고 사는 게 최고의 행복이다.
그러나 아무리 썩은 자본주의에 살더라도 노동만의 가치는 있다.
그러니 노동은 행복의 도구이자 수행이라는 마음으로 일한다면
같은 업무라도 몸과 마음이 한결 편해질 것이다.

저런 나쁜 짓만 하고 다녀도 잘 사는 인간이 있는 세상은 불공평합니다.

착하게 살아도 가난과 질병에서 벗어나지 못하는 세상은 불공평합니다.

선과 악의 열매

아주 편안하게 남부러울 것 없이 사는 팔자는
조상 삼대가 덕을 쌓은 결과라는 우스갯소리가 있다.
그렇다면, 탐욕과 악행으로 점철된 삶을 살았는데도
아무탈 없이 잘 사는 사람은 어떻게 된 것일까?
인과응보라 했거늘 어찌 그리도 잘 산다는 말인가!
분하고 화가 나지만 부처님의 가르침으로 생각해보면
무턱대고 흥분할 필요는 없다.
그 사람은 지금 천천히 익어가는 죄의 열매, 재앙의 열매를
맛있게 따 먹는 중이기 때문이다.

세상에는 거저 얻는 것도, 대가 없이 지나치는 것도 없다.
덕을 쌓는 마음으로 열심히 사는 사람에게 좋은 날은 반드시 온다.
다만 그 시간이 너무 더디다면
지난 날 저지른 죄를 하나둘 씻고 있는 중이라고 생각하자.
그러면 지금의 힘든 일이 조금은 덜 힘들게 느껴질 것이다.

스님, 절에 있는 벽화 중에 소와 사람이 있는 그림이 있는데 무엇을 의미하는지요?

아…, 십우도를 말하는 것이로구나.

심우(여기서 소는 본성을 의미한다)

소가 어디에 있지?

견적

오호~ 소 발자국이 여기에 있구나!

견우

득우(본성을 찾았으나 길들이지 못한 상태)

목우(본성을 길들이고 매를 가해 스스로 따르게 하다)

기우귀가(망상이 사라지고 본성이 자리잡음)

망우존인(집에 돌아와 얻음도 없고 잊음도 없는 편안한 상태)

인우구망(사람도 소도 잊고 번뇌망상이 사라진 상태)

반본환원(산은 산이요 물은 물이다. 청정한 본 모습으로 돌아온 상태)

입전수수(깨우친 것으로 중생을 제도하기 위해 속세로 간다)

이렇듯 절 곳곳의 하나하나가 다 의미가 있고 소중한 것이다.

십우도

십우도는 소를 찾아나서는 동자승을 그린 그림으로
선수행하는 과정을 소에 비유한 것이다.
부처님이 성불하기 전, 왕자였던 때의 이름이 고타마 싯다르타다.
고타마란 '좋은 소'를 뜻하고
싯다르타는 '모든 일이 다 이루어지다'라는 의미다.

그러니 불가에서 '소를 찾았는가?'라는 말은
'진리에 이르렀느냐?'
아니면 '부처가 되는 길을 찾았느냐?'와 같은 말이다.

스님, 중국 황제 중에 모든 걸 잊고 부처님의 제자가 된 분이 있다고 하던데…

그것은 어디서 들었누? 잘 들어보아라. 그 분의 출가시니라.

곳곳이 *총림이요, 도처에 밥이거늘.

발우만 있으면 세 끼 걱정 있으랴.

황금과 비단만 귀한 줄 알지만

가사 장삼 입기가 더 어렵네.

짐은 천하의 주인으로 나라와 백성 걱정에 마음이 무거웠네.

백 년을 산다 해도 삼만육천일 절에서 보낸 한나절보다 못하더라. 100년 (36,000일)

짐은 원래 사천축의 스님인데 무슨 인연으로 제왕가에 떨어졌나?

태어나기 전에 누가 나고 태어난 후 내가 누구인가 자라서 성인 된 후 잠깐 동안 나라더니 눈 한 번 감은 뒤 내가 누구인가?

백 년이 하룻밤 꿈이요 수만리 강산은 한 판 바둑일세. 100년 꿈..!

우 임금 구역 긋고 탕 임금 평화 가져오고 진시황 6국 통일하고 한태조 새터 닦네.

자손은 스스로 살아 갈 복 있나니 후손 위해 소, 말 되지 마소. 다 후손을 위한 일!

*총림 : 승려들이 모여 수행하는 곳.

날 적에는 기뻐하고, 죽을 때는 슬픈 것 덧없는 인간사 한바탕 놀다 가세.

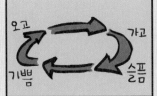

애당초 오지 않았으면 갈 일도 없고, 기쁨, 슬픔도 없을 것을

오고 가고
기쁨 슬픔

나날이 한가롭고 맑은 마음 스스로 깨닫고, 먼지 속 세상은 모두 잊었네.

입으로는 맑고 시원한 선열 경계, 몸에 걸친 것은 누더기 승복일세.

사방천지에 높은 손님 되어 부처님 도량 거닐 적에.

세속 떠나는 일 쉽다 마오, 여러 생에 쌓은 *선근 없인 아니 되네.

善
善
善

18년간 왕의 자리 지칠대로 지쳤다네. 세상에 일어나는 전쟁 언제쯤 그치려는가?

나 이제 손을 털고 산 속으로 돌아가나….

천만 가지 근심 걱정 모두 사라지네.

천만 가지 근심 걱정 둥실 둥실

잘 가요!

147

카~ 정말 멋진 시군요.

청나라 순치 황제가 스님이 되면서 지은 시란다.

천하를 다 가지고 있어서 행복할 것 같아 보이지만 속으로는 근심 걱정이 많았다고 한다.

부처님의 제자가 된 후 모두 사라지니, 그 느낌을 어찌 시로 표현하지 않을 수 있었겠느냐!

정말 속 시원하고 한편으론 안심이 됩니다.

내 뒤에는 항상 돌아갈 곳이 있다는 편안함이 풍진 세상을 한결 행복하게 살 수 있게 해줄 것 같아요.

*선근 (善根) : 좋은 과보를 낳게 하는 착한 일.

Go to the mountains@홍성지

모든 것을 잊고 산으로 가다

사는 일이 너무 버겁고 몸마저 아플 때
도시를 떠나 산속으로 들어가 사는 사람들이 있다.
'아, 저기서 살면 불편하지 않을까?',
'저렇게 살면 어떤 기분일까?'라는 생각이 들기도 한다.
하지만 많은 이들이 몸과 마음을 회복하고 편히 살아간다.
무엇이 저들에게 편안함을 주었을까?
그러던 차에 나 또한 몸과 마음이 아파서
산으로 들어갈 일이 생겼고,
스님들의 배려로 절에서 머물 수 있는 기회가 생겼다.
불빛 없는 완벽한 어둠이 깊이 쌓인 시름을 까맣게 잊게 해주었고,
어떠한 소음도 없는 절대 적막이 내 귀를 편안히 쉬게 해주었다.

자연과 혼연일치가 된 나!
내 몸의 모든 조직과 기관들이 사십 년 만에 제대로 휴식을 취했다.
그것이 산에 사는 즐거움이었다.
완벽히 쉴 수 있는 안식처가 산에 있었던 것이다.

감각은 감각기관에 의지해 살기 때문에 접촉된 상황에 따라 반응한다.

만일 성자가 똑같은 상황에 놓였다고 해 보자.

성자도 사람인지라 고통도 느끼고 분함도 있다. 하지만 고통이 생기면 잠깐 느끼지, 잡고 있지 않고 놓아버린다.

그렇기에 득겨움이 없고, 걸림이 없다.

너무 밋밋하고 재미없는 삶이 될 수도 있잖아요.

맵고, 짜고, 쓰고, 달고···, 여러 맛 중 최고는 입안이 깨끗해지는 담백한 맛일 것이다.

그럼 괴로움은 사라지고 기쁨만 계속 잡을 수는 없을까요?

너의 혀에 단맛만 느끼고 나머지 맛은 사라지게 할 수 있느냐?

일일이 상대하거나 반응하지 않고 걸림이 없는 사람이 성자이다. 이는 곧 행복한 사람을 의미하는 것이다.

행복한 사람

불교에서는 항상 이 말을 명심하라고 가르친다.

나 자신을 중심으로 세상을 보지 마라.
만일 당신이 자신을 중심에 놓고 세상을 보게 되면
자신의 뜻에 벗어날 때마다 고통을 느끼게 된다.
다른 사람들과 비교하고 다투고 경쟁을 하면서
자신의 주위에 대립하고 시시비비를 가리려 흥분하면
행복을 느낄 수 없다.
행복한 마음은 자신을 비우는 무아의 상태에서 시작된다.
내가 없는, 객관과 주관까지도 모두 사라지고
분별이 없는 공 상태가 될 때 행복은 더욱 가까이 다가온다.

물론 쉬운 일은 아니다.
행복해지기가 쉽다면 세상에 무슨 고민이 있겠는가?
그나마 가장 쉬운 길이 이 길이다.

151

오랜만이구나.
이제 다들 중년이 되었구나.
잘 지냈지?

네~

그런데 표정이
왜들 그러느냐?

관심 ~ 걱정

부모님께서
연로하셔서 편찮으세요,
생각만 해도 가슴이
미어집니다.

더 신경써야
하는데, 이 못난
불효자 놈아!

퍽

퍽

고생하며
일하는 아내를
생각하면
마음이
아픕니다.

큰 도움도
못 주는 내가
증오스럽다!
ㅇㅡㅡㅡ~

끄악~악

커

자식들 클 때
도움도 못 주고,
항상 짐만 되니
가슴이 미어진다.

못난 아빠를
용서해라.
이건 사는 게
아니!

쿵

인연이 없어 너희들의 아픔을
오롯이 느낄 수는 없으나

으허흑흑

자신들에게 여러 번 벌을 주지
말라고 조언해주고 싶구나.

최선을 다해서 해줄 수 있는 것, 그
이상의 것을 못 해줘서
괴로워하지 말라는 것이다.

재벌

나는 왜 저렇게
못할까?

지금 상황으로도 충분히
힘들 텐데 자학까지 한다면
상처난 곳에다 소금을 뿌리는
것과 무엇이 다르겠는가!

자학을 멈추고 행복해지려 노력하거라.
그것이 어렵다면 순리대로 흐르게 하여라.

인 생

순리

하지만 인간인지라 이성적으로는
이해되지만 감성적으로는 어쩔 수 없을
때도 있으리라~

너 피눈물도
없냐?

이성

감성

그렇기에 평소에 감정조절과
상황을 슬기롭게 판단할 수
있도록 꾸준히 수양해야 할
것이다.

이성   佛道   감성

자기학대

'안 아프고 빚 없으면 되는 거다'
이제는 어느덧 칠순을 넘기신 장모님께서 항상 하시는 말씀이다.
나도 불혹의 나이를 넘기다 보니 그 말씀이 조금은 이해가 간다.
인생 행복의 본질, 그것은 무엇이겠는가?
건강하게 사는 것,
혈육이 다 함께 정을 나누며 사는 것,
이것이 행복 아닐까.

젊었을 때는 애인과의 여행, 최고급 스포츠카,
명품 옷, 가방 등에서 기쁨을 느끼지만
나이가 들수록 봄에 피는 갖가지 꽃, 아이의 미소,
강아지가 애교 떠는 모습에서도 기쁨을 느낀다고 한다.

어느새 장모님의 마음까지 이해하게 된 나이,
속절없이 젊음을 보냈다고,
이룬 게 없어 허망하다고 자학하기보다는
작은 일에도 기뻐할 줄 아는 축복으로 맞이하려 한다.

157

스님, 저는 아내를 너무 사랑합니다!

자기는 능력도 최고, 미모도 최고!

당연하지

매일 칭찬하고 사랑해주니, 돈도 잘 벌고 성공도 하더라고요.

저는 아내가 매일 칭찬해줘요. 능력도 있고 멋진 남편이라고요.

그랬더니 제가 자신감이 생겨 일도 잘 풀리고 돈, 명예 등이 막 생겨요.

흐흐흐

그런데 아내는 저를 구박해요. 저를 무시하고 시도 때도 없이 짜증을 내요.

저는 처를 구박하지 않아요. 이렇게 기를 살려 성공시켜 줬는데 구박을 왜 하겠습니까?

그러게 너와 내가 남녀만 바꿨을 뿐, 똑같은 상황인데 넌 행복하고 난 불행해!

불행, 싱글, 벙글, 행복, 벙글

우리 아내는 제수씨처럼 부잣집 딸에 학력이 높은 것도 아닌데 지혜로운 것 같아.

그건 간단한 이치다. 팔계의 아내는 여왕처럼 살고 싶으니 팔계를 왕으로 대접한 것이요.

여왕이 될테야!

팔계도 그에 힘을 받아 아내를 여왕으로 받드는 것이다.

자기 덕분이야! 호호 고마워 극진으로 모심

그런데 오공이는 아내를 헌신적으로 도와 여왕으로 만들었지만 아내는 오공이를 왕으로 대접하기 싫은 것 같구나?

헉 절망 ~

오공아! 그래도 넌 계속 여왕으로 모셔라. 제수씨라도 잘 벌면 다행 아니냐!

충고!!

하지만 매일같이 구박 받고 살기 힘들다.

그러니까 돈 많이 벌어!

씰룩

물론 오공이 아내도 이유는 있겠으나 명심해야 할 것은 남편의 성공을 바란다면 먼저 남편을 남편답게 대해야 한다는 것이다. 그러니 지금부터라도 태도를 바꾸어 서로를 위한다면 분명히 행복한 부부가 될 것이다.

스님! 팔계 부부처럼 살라고 하시면 되실 거 가지고….

흐흐

행복한 부부

불교에서는 부부를 칠천 겁의 인연이 쌓여서 이루어진 사이라고 한다.
불교의 시간 단위로 일 겁은 천 년에 한 방울씩 떨어지는 물방울로
집채만 한 바위를 뚫는 시간이다.
또 부부는 삼천 생의 인연이라고도 한다.
삼천 년 동안 거듭나며 맺은 인연이 쌓여 부부로 만난다는 것이다.

과학, 사회학, 심리학 등 학문으로 인간을 분석해
부부 간의 일을 해명한 지식이 쏟아진다.
유명인사, 연애인, 하다못해 이웃집 부부까지 합세해
내 경험을 참고 삼아 너희 부부 문제를 해결해보라고 떠들어 댄다.
"아내가 화를 내는 건 여자의 심리가 그래서다."
"남편이 안하무인인 건 진화 과정이 이래서다."
"우리는 이혼까지 갈 뻔했는데 여행을 갔다 오면서 다시 사이가 좋아졌다."
"부부 싸움이 싫으면 무조건 아내 말을 들어라."
몰랐던 사실을 처음 접할 때는 뭔가 해결점을 찾은 것 같다.
다른 부부들 이야기를 들으며 우리만 그런 게 아니었다고 위로가 되기도 한다.
그러나 지식은 자신을 합리화하는 이론으로,
경험이 준 힌트는 상대를 공격하는 자료로 쓰이는 순간
학문에서 얻은 지식과 타인의 경험에서 받은 힌트가 곧 힘겨워진다.

그래서 나는 칠천 겁, 삼천 생의 인연을 믿기로 한다.
아내와의 싸움은 업을 지우는 것이고,
아내가 주는 기쁨은 선한 인연의 선물이다.
나는 그렇게 여기며 아내와 행복하게 살고 싶다.

155

스님, 사전도(四顚倒)와 사덕(四德)이 무엇입니까?

사전도에는 상(常), 낙(樂), 정(淨), 아(我)가 있다.

상전도 : 인생은 무상한데 영원하다는 착각.

낙전도 : 괴로운 인생을 즐거운 것이라 여기는 착각.

으하하하 너무 좋구 워

정전도 : 더러운 것을 깨끗한 것으로 아는 착각.

흐 너무 깨끗하다 냄~

아전도 : 존재되어 있는 것을 내 것으로 여기는 착각.

다~ 내 꺼!

중생의 이런 착각을 사전도라 한다.

그러나 부처님의 사덕은

진상 : 진리는 변하지 않으며

진각 : 진리는 괴롭지 않고 즐거우며

진정 : 진리는 참으로 깨끗하고

부처님의 사덕을 모르고 사전도에 휩쓸려 있는 중생들이 안타깝다.

진아 : 진리는 영원히 사라지지 않는다.

사덕과 사전도

부처님께서는 사덕과 사전도와 함께
수행을 통해 '계(戒) ', '정(定)', '혜(慧)'
세 가지를 함께 증득해야 한다고 하셨다.

감각기관으로 들어와 우리를 유혹하는 마귀로부터
우리를 지켜주는 군인과 같은 계.

망상으로 인해 번뇌가 가득찬 흙탕물 같은 마음을
맑은 물로 정수시켜주는 정.

맑은 물처럼 청명해진 마음으로
사물을 제대로 볼 수 있을 때 생기는 혜.

계,정,혜를 통해 진정한 깨달음의 길로 가자.

스님, 전생에 무슨 죄를 지어 이토록 고통스런 삶을 살아야 합니까?

어느 날 혜가 스님에게 한 나병 환자가 찾아왔다.

스님, 저는 전생에 큰 죄를 지어 큰 벌을 받고 있습니다.

어떻게 해야 제 죗값을 치르고 고통에서 벗어날 수 있을까요?

그 말을 듣자, 옛 생각이 떠올랐다.

아무리 열심히 정진해도 마음이 불안합니다.

그럼 그 불안한 마음을 내게 가져 오너라, 그럼 안심시켜주마!

혜가   달마

너의 죄를 나에게 가져 오너라. 그럼 너의 죄를 사라지게 해주마.

생각중…

잠시 획

죄를 찾으려 해도 찾을 수가 없습니다.

죄   죄   죄   죄

그렇다면 너의 모든 죄는 사라졌다.

아…아!

불교에 대해 아는 것이 없던 이가 혜가 스님의 한마디 가르침에 크게 깨달은 후,

스님!

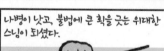

나병이 낫고, 불법에 큰 획을 긋는 위대한 스님이 되셨다.

그 분이 바로 달마, 혜가를 잇는 승찬 스님이란다.

一祖   二祖   三祖

달마   혜가   승찬

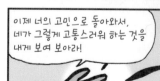

이제 너의 고민으로 돌아와서, 네가 그렇게 고통스러워 하는 것을 내게 보여 보아라!

잠시 획

스님, 아무리 고통을 찾아봐도 찾을 수 없습니다.

너의 마음속에서 고통을 찾을 수 없다면 너의 고통은 없던 것이었다.

너의 고통을 가져오너라!

이 세상에 걱정과 고민이 없는 사람은 없다.
겉으로는 부족함이 없는 듯 보이는 사람에게까지
걱정거리는 있게 마련이다.
그렇다면 이 걱정거리는 과연 진실일까?
만일 자신에게 걱정거리를
한 가지만 말해보라고 하면 한 가지를 말할 것이요,
다시 세 가지를 말하라면 세가지를,
열 가지를 대라면 열 가지가 나올 것이다.
이 걱정거리들 중에서 진짜 걱정해야 할 것은 얼마나 될까?
그리고 그 걱정거리는 걱정해서 해결할 수 있는 것일까?
혹시 우리는 너무 무료하고 심심해서
걱정거리를 찾아내어 걱정하는 것이 아닐까?
먹고 살기 바쁜 사람, 하루하루를 열심히 살아가는 사람들은
걱정할 시간이 없을지도 모른다.
한가하니까 이 생각 저 생각하다 보니
이게 걸리고 저게 걸리는 것일 수도 있다.
아무튼 우리는 걱정과 싸움을 멈추고
마음속에서 걱정을 내쫓아야 한다.
내 마음속 걱정은 내가 떨쳐버려야 한다.
'어떻게'라는 말은 필요치 않다.
그냥! 확!
과감히 번쩍 깨우치며 지워버릴 수밖에 없다.

스님, 말씀드리기 부끄럽지만 제 주위에는 찌질이들만 있어요. 돈도 없고 집구석에서 빌빌거리는 사람들 뿐입니다.

흐흐~ 스님, 전 달라요. 제 주위에는 똑똑하고 잘나가는 사람들 뿐이에요. 덕분에 제가 혜택을 받지요.

부럽당

부처님은 향을 싼 종이에는 향내가 나고 생선을 싼 종이에는 비린내가 난다고 하셨다.

주위에 어떤 사람과 있느냐에 따라 우리 자신은 변한다.

분노, 불만, 불행하다, 생각하는 사람
만족, 긍정, 행복하다, 생각하는 사람

항상 온화하고 싸우고 짜증 내며 신세 한탄이나 하고 절망하는 사람들과 있으면 이럴 것이다.

빌린 돈 내놔.
배째!
에이~ X같은 세상.
애구애구 내팔자야!
나까지 미쳐버릴 것 같아!
엉엉엉

반대로 온화하고 기뻐하며 행복해하는 사람만 있으면 이럴 것이다.

그래, 이런 맛으로 사는 거지~
열심히 살자!
응.
아 행복해.
돕고 살자.
작은 일도 만족해.

이렇듯 주위 사람에 따라 사는 모습에 큰 차이가 나느니라.

그러면 어리석고 못난 사람들이랑은 상대도 하지 말라는 건가요?

그래도 정이든 사람인데...

부처님이 길을 가다 비를 만나 처마 밑으로 비를 피했는데...

보아라! 지붕이 잘 엮이지 않았으니 비가 새지 않느냐!

마음도 이와 같아서 잘 엮고 점검하지 않으면 외부의 물리적, 정신적 피해를 막지 못한다.

명심하겠습니다

마음이 부정적인 상황에 휩쓸리고 피해를 본다면 그것을 고친 후 주위 사람을 이끌면 되지 않느냐.

너 자신이 향이 되란 말이다!

향

향

15, 16세기 오스만제국에서는 소나 양, 말을 치는 집안에서 높은 지위에 오른 자식이 많이
나왔다고 한다. 소나 양이나 말을 키우는 집안은 당시 천한 집을 의미했다고 한다. 소똥,
양똥, 말똥의 냄새가 고상하게 와 닿을 리는 없지 않은가!
그런데 어떻게 그런 집안에서 높은 지위에 오른 자식이 많이 나왔을까?
당시 오스만제국에서는 신분보다는 자신의 능력과 노력이 더욱 중요하다는 믿음을 주는
교육에 힘썼다고 한다. 그뿐만 아니라 보잘 것 없는 환경에서 출세한 사람을 좋은 환경에
서 출세한 사람보다 더 높게 평가했다는 것이다. 그래서 출세 후에 자신이 소나 양을 치는
집안 출신임을 숨기는 것이 아니라 자랑스럽게 내세우기까지 했다고 한다.

몸에 밴 냄새는 씻어내면 그뿐이다.
그러나 속에서 우러나는 냄새는 향수로도 가려지지 않는다.
소똥, 양똥, 말똥 냄새가 몸에 뱀을 부끄러워하지 않으며
진한 인간의 향기가 스며나는 사람으로 살아가고 싶다.

오~ 깨달음이란 이토록 황홀하고 환희에 가득 찬 느낌이구나!
감격 기쁨

여보 웬일이야? 좋은 일 있어 화도 안 내고….
아빠, 요즘 잔소리도 안 하시고 짱이에요!
차분하게 일도 잘하고, 자네 달라졌어!
며칠 후
그럼 그렇지, 자기는 작심삼일이야!
자들이 나한테 한 짓은 생각 안하고….
아빠, 다시 원상복귀 하셨네요.
도루묵이란 이럴 때 쓰는 거야.
씩씩

스님, 깨달은 후 다시 화가 나고 짜증이 나요.
음…. 그래.

깨달았으면, 자제력과 평상심이 더 강화 되어야 되는 거 아닌가요?
깨달았다는 것은 순간을 의미하는 것이지~

영원을 의미하는 것은 아니란다.
그럼 어떻게 해야 영원할 수 있나요?

여보, 이번 달 보험료, 공과금 등…. 너무 올랐어요!
돈! 돈! 돈!
으앙!
아빠, 유리창 깼어, 미안~

속세로 간 스님
출가한 손오공
치비~묵

너와 내가 상황이 바뀌었으면 나도 너와 마찬가지였을 것이다.
ㅋㅋ

우리는 생각한다. 그것마저도 뛰어넘는 것이 깨달음이 아니냐고! 정답이다! 하지만 깨달음이란 매순간 깨어 있으면서 배워나가는 것도 정답이다!

여보, 이번에는 저번보다 오래가네요~
깨달고
탐진치에 빠지고….
잊고….
내가 순환하고 있음을 깨달은 것이지.

깨달음과 속세

자연은 서두르지 않는다.
이것을 기억하라.
마음은 언제나 서두르지만
자연은 결코 서두르는 법이 없다.

수처작주 입처개진(隨處作主 立處皆眞).
아무것에도 구애받지 않고 투탈자재(透脫自在)해 지리라.

호랑이는 아무 곳에서나 성깔을 부리지 않는다.
큰 인물일수록 화를 내지 않고,
능력있는 인물일수록 자기 통제에 능하다.
성공하는 사람의 공통점은 절제이다.

위의 글은 우리집 화장실 문에 붙어 있는 글귀이다.
변기에 앉았을 때 바로 보이도록 붙여 놓았다.
처음에는 시를 붙였는데 좋은 글귀들도 같이 붙이고 있다.
아무리 좋은 말이라도 시간이 지나면 잊게 마련이다.
볼일을 볼 때마다 보석 같은 좋은 글을 읽으면
잊었던 깨달음이 다시금 살아나서 좋다.

스님, 지혜롭지 못한 자들의 행동에 걱정스럽습니다.

오공아, 세상에는 4종류의 말이 있단다.

타기만 해도 달리는 말.

손으로 때리면 달리는 말.

채찍으로 때려야 달리는 말.

채찍과 발로 때려야 달리는 말.

현실에 대처하는 방식에 따라 사람도 4종류가 있을 수 있단다.

상상 속에 사랑의 죽음처럼 대하는 사람.

아는 이의 죽음처럼 대하는 사람.

친족의 죽음처럼 대하는 사람.

자신의 죽음처럼 대하는 사람.

첫 번째 사람은 상상 속의 가상 체험만으로도 현실을 이해하고 지혜롭게 살지만,

네 번째 사람은 최악의 상황에서 현실을 깨닫지만 그때는 이미 늦게 되지.

그러므로 냉정하고 침착한 마음가짐으로 현실을 이해하고 지혜롭게 사는 첫 번째 사람과 첫 번째 말처럼 되어야 한다.

네 종류의 말과 사람

살다보면 다양한 사람들과 접하게 된다. 그런데 젊거나 연로하거나 배웠거나 못 배웠거나 자신이 어려운 상황에 빠졌을 때 도움이 되는 얘기를 하면 잘 듣지 않는 사람이 있다. 분명히 저 길을 가면 막다른 길인데 말을 듣지 않고 그냥 가버리는 사람들. 그들에게 무슨 말이 필요하겠는가?

자기 자신이 지혜롭게 깨우치지 못한다면
어느 누구도 절벽으로 걸어가는 자를 멈추게 할 수는 없다.

아, 내가 졌다!

모두 싸운다. 이기기 위해 자신마저 버린다.
나는 졌고, 이제 안다.
세상의 나에게 싸움을 걸지 않았다는 것을.
내가 싸운 상대는 나였다는 것을.

자비심과 평정심

세상에는 남들이 꺼리는 위험하고 힘든 일을 하는 사람들도 있고,
악의 구렁텅이에 있는 사람을 구하는 사람도 있다.
혹자는 돈을 벌기 위해, 저 먹고살기 위해 하는 것이라고
말하는 사람들도 있다.
하지만 누구나 힘들고 어려운 일은 하기 싫은 법이다.
그런 위험하고, 힘들고, 어려운 일을 하는 분들은
사명감과 직업의식과 더불어
자비심과 평정심이 투철한 분들이다.
남을 구하는 일.
그것은 나를 버리지 않고,
나를 지켜내지 않고는 할 수 없는 일이기 때문이다.
우리는 우리가 못하는 일들을 하시는 그런 분들에게
감사한 마음을 가져야 한다.

*보시바라밀 : 보살이 행해야 하는 육바라밀 중 하나.

무.상.득

봉사를 하는 사람들이 하는 말이 있다.
'봉사는 바로 나 자신을 위해 하는 것이다',
'봉사를 하고 나면 마음이 너무 행복해진다'.
그런 말을 들으면 나도 행복한 기분이 느껴지고,
그렇게 하지 못하는 나를 반성하기도 한다.
봉사를 하면서 행복감을 느끼는 그분들의 마음이
부처님의 마음이 아닐까?
여기에 좋은 설화를 소개하려 한다.

어느 날 숲 속에 어떤 수행자가 굶어 죽어가고 있었다.
이를 본 동물들은 놀란 수행자가 먹을 만한 것들을 찾아가지고 왔다.
그 중 원숭이는 사과를 따 오고, 곰은 물고기를 잡아왔다.
그때 토끼는 '불을 지펴라' 하며
자신의 몸을 불 속에 던져 소신공양을 했다고 한다.
그것을 본 수행자는 원래 모습인 제석천으로 변해서
토끼를 기리기 위해 달에 보냈다고 한다.

요즘 사람들은 이 글을 읽고 나서 남을 위해
자신의 목숨을 죽여 고기를 바친다니
그게 말이 되냐며 황당해할 수도 있을 것이다.
하지만 본뜻은 이런 게 아닐까?
노여움도, 번민도, 고통도 없는 베풂이 바로 진정한 자비다.

Sweet and bitteness©홍성지

우리를 아끼는 것은 나를 아끼는 것

우주의 생성원리를 따져보면 그 무엇하나 혼자 저절로 생겨난 것이 없다.
모든 일에는 원인과 결과가 있듯이,
물질과 생명체 사이도 원인과 결과의 연결고리로 이어져 있는 것이다.
그래서 결국에는 '내'가 '너'가 되고 '너'가 '나'가 된다.
너에게 잘한 것이 나에게 잘한 것으로 돌아오거나
반대로 너에게 잘못한 것이 나에게 잘못된 것으로 돌아오기도 하는 것이다.

오래전에 본 영화에서 주인공이 지나가다 어떤 여인의 소리를 들었다.
자신의 가방을 훔쳐가는 범죄자를 잡아달라고 소리를 지른 것이다.
하지만 주인공은 범죄자를 충분히 잡을 수 있었지만 그냥 모른 척해버렸다.
그런데 집에 와보니 그 범죄자가 자기 집에 피해를 준 것이었다.
그 순간 잡았으면 자기 집에 피해도 안 끼쳤을 테고
또 다른 피해를 막을 수도 있었던 것이다.

우리 모두는 이렇게 서로서로 연결되어 있는 거대한 고리라고 생각한다.

아야!

으아악, 피…, 피다!
찔끔

살짝 베인 것 가지고 엄살 떨기는….
아냐 아냐

천지가 주신 몸이니 더 아파하는 거야.
쿵!
애궁?

그게 뭔 소리냐?
내 몸이 내 것이 아니란 말이야!

175

우리 몸을 이루는 것은 내계로부터 이루어진 것과 외계로부터 이루어진 것이 있지.
응애
수분
햇살
땅당의 기운
유기물의 영양분
저 사과가 너의 신체 일부분이 된 것이란다.

세상의 수많은 물질들이 너의 몸을 이루니 어찌 소중하지 않을 수 있겠니?

NO
줄담배

NO
음주운전
비틀

우리 자신을 아끼고 사랑하며 나아가 타인까지도 자신처럼 생각하면 결국,

나 자신에게로 모두 돌아오고, 모두가 행복해질 수 있다.

부처 남편, 천수관음보살 아내

그리스 신화에 피그말리온이라는 조각가가 있었다.
이 조각가는 그 어떤 여인에게도 사랑을 느끼지 못한다.
절망한 그는 우연히 자신이 만든 조각상과 사랑에 빠진다.
그 조각에다가 '갈라테이아'라는 이름을 붙여주고,
아름다운 치장과 장식을 해주었다.
"오! 갈라테이아, 나는 이 세상에서 당신을 제일 사랑합니다!
당신과 결혼하고 싶소. 제발 나의 사랑을 받아주시오."
하며 지고지순한 순애보를 펼친다.
그것을 본 아프로디테는 그의 사랑에 큰 감동을 받아
갈라테이아를 사람으로 만들어주었고,
둘은 깊고 깊은 사랑을 나누게 된다.

간절히 원하면 소원이 이루어지며
상대에게 칭찬과 사랑을 받으면
그 기대만큼 된다는 '피그말리온 효과'가 여기서 나온 말인데,
부부간에는 몇 마디 말로도 이 피그말리온 효과를 확인할 수 있다.
"당신을 믿어요."
"당신이 최고야."
"당신을 사랑해요."
정말 그럴까 의심이 든다면 오늘 당장 해보시길.

*천수관음보살 : 27개의 얼굴, 천 개의 손과 눈을 가지고 지옥에 있는 중생의 고통을 자비로써 구제해주는 보살.

단순한 삶(simple life)

언젠가 본 다큐멘터리 영화가 아직도 내 머릿속에 남아 있다.
쿠바 남자가 우리나라 여자를 사랑하게 되었고, 여자의 부모에게 허락을 받기 위해 한국에
오면서 이야기가 시작된다. 쿠바 남자는 인천국제공항에서부터 눈이 휘둥그레지고, 서울
생활을 하며 화려하고 풍족한 도시의 삶에 익숙해져 간다. 그리고 얼마 후, 쿠바 남자는 한
가지 의문을 품게 된다.
'이렇게 많은 물건들을 계속 만들어내면 나중엔 어떻게 될까?'
'이 물건들은 나에게 다 필요한 것들인가?'
'이 물건들을 다 쓸 수나 있을까?'
넘치는 물건들 앞에서 그의 머리는 복잡해졌다. 결국, 두 사람은 고민 끝에 자신들의 삶을
쿠바에서 하기로 결심하고 서울을 떠난다. 넘치는 물자와 그 물자를 만들고 쓰느라 눈코
뜰 새 없이 바쁜 인생을 사느니 조금 부족하고, 조금 불편해도 단순하게 살며 주어진 시간
을 사랑하는 사람과 보내기 위해서였다.

오늘도 물건을 만드느라, 물건을 쓰느라 진이 다 빠진 우리는
정말 잘 살고 있는 걸까?

초심으로

'화장실 들어갈 때와 나올 때가 다르다'라는 말이 있다.
나는 맥주를 많이 마시거나 기름진 음식,
너무 맵고 부담스런 음식을 과식하면 꼭 탈이 난다.
화장실에 앉아 다시는 그런 음식은 먹지 않기로 다짐을 하지만
또 그런 상황이 되면 또 그렇게 되고 만다.
이렇듯 인생도 마찬가지다.
내가 정말 힘들고 고통스러울 때
그 구렁텅이에게 나오게 해주었던 사람들, 사상들을
마음이 편안해지고 상황이 좋아지면
깨끗이 잊어버리고 만다.
오히려 알이 나서 더 기고만장하는 경우도 있다.
하지만 그래 봐야 제자리다.
또다시 힘들어지면 죽을 것만 같다며 찾아오니 말이다.
언제나 초심을 가지고 수행정진해야
반복적인 고통의 순환에서 벗어날 수 있고,
더 나은 삶, 실수를 반복하지 않는 삶을 살 수 있다.

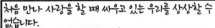
처음 만나 사랑을 할 때 싸우고 있는 우리를 상상할 수 없습니다.

태어난 우리 아이를 처음 봤을 때 구박하고 소리 지르는 나를 상상할 수 없었습니다.

처음 일을 했을 때 나는 지겨워하고 짜증 내는 나를 상상할 수 없었습니다.

처음 부처님께 귀의했을 때 그 마음으로 행동하지 않는 나를 상상할 수 없었습니다.

내 욕심과 내 분노와 내 아집으로 만든 것이지만

지금 이 모습을 그때는 상상할 수 없었습니다.

이제 처음 그때의 마음으로 돌아가겠습니다.

남을 믿는 이유

불교에 관심을 가지게 된 최초의 사건은 신문에 실린 사설 때문이었다. 매일매일 스트레스에 괴로워 하던 중에 불교 신도가 보통 사람들보다 훨씬 큰 행복감을 누리며 산다는 것이 과학적으로 입증되었다는 사설이었다.

불교수행을 몇 년간 해온 신도들의 뇌를 단층 촬영한 결과 마음의 평온함과 행복감을 증진시키는 대뇌엽의 행복중추가 보통사람들보다 활발한 것으로 나타났다고 한다.
그리고 이 행복중추가 잘 발달한 이유는 자기만족을 중시하고, 늘 평상심을 유지함으로써 공포와 욕망을 느끼는 다른 뇌 부위의 활동을 자제시켜 일희일비하지 않는 마음이 되었기 때문이라고 한다.

가피를 얻고자 님을 믿는 것이 아닙니다.

다만 고통만 겪지 않는다면!

자비로운 마음을 얻고자 님을 믿는 것이 아닙니다.

다만 무자비한 인간만 되지 않는다면!

베푸는 마음을 얻고자 님을 믿는 것이 아닙니다.

다만 남을 착취하지만 않는다면!

집착을 버리기 위해 님을 믿는 것이 아닙니다.

다만 무심(無心)할 수 있다면!

부처님이 되기보다 부처님처럼 되려 노력하는 인간이고 싶습니다.

하지만 깨달았습니다. 고통 받지 않음은 크나큰 가피를 받은 것이요, 무자비하지 않음은 자비로울 것이요, 착취하지 않음은 베풂이요, 무심할 수 있다면 집착에서 벗어났음을!

나쁜 사람, 좋은 사람

말도 안 되는 억울한 일을 당하면 증오심에 온몸이 떨린다.
시간이 흐른 뒤에도 가끔 생각이 날 때면 심장이 뛴다.
그 고통의 나날들은 나의 정신과 육체를 파괴한다.
특히 가족이나 혈연관계, 친구라면 분노게이지는 상상을 초월한다.
하지만 그들을 위해서가 아니라 나를 위해서 용서해야 한다.
용서와 관용만이 우리를 분노와 미쳐버릴 듯한 고통에서 건질 수 있다.

그들 때문에 내가 파괴되는 것이 정답이 아님을 깨닫고
나를 위해서 용서를 마음에 새겨라.

믿음100%

친구가 사업 자금을 들고 도망갔습니다.

으~ 피를 나눈 친척이 사기를 치다니 이럴 수 있습니까?!

믿음100%

얼마나 믿었는데 이런 짓을 하다니….

동병 상련

너희들이 믿었던 자가 원래 착한 자였다가 나쁜 자로 변한 것이냐?

100% 善

100% 惡

아니면 원래 나쁜 자였는데 속은 것이냐?

100% 착한 사람이구나!

惡 100%

원래 좋은 놈인데 변한 것 같기도….

그놈은 착한 척 한 거라구!

속임수

185

사람 마음~ 알 길 없다. 상황이 그렇게 만든 것인지, 나쁜 의도로 접근한 것인지~

나더러 똑똑!

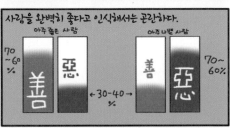

사람을 완벽히 좋다고 인식해서는 곤란하다.

아주 좋은 사람

70~60%

善 惡

←30-40%→

아주 나쁜 사람

善 惡

70~60%

내가 생각하는 그 사람은 내 생각이 만든 것이지 본래 그 사람이 아닐 수도 있다. 나는 내가 만든 허상의 사람을 믿고 있을 수도 있는 것이다.

친절 좋은사람 같은사람

돈 내놔!

그러므로 우리는 믿었다는 것에 분노하고 억울해해서는 안 된다.

내가 신중하지 못했어!

내탓이오

사기 배신

오히려 용서와 마음을 닦아서 성숙의 계기로 삼아야 할 것이다.

용서

마음 닦기

불안

죽어 불에 태워져 한 줌 재가 되든,
죽어서 땅에 묻혀 벌레의 먹이가 되든
다 죽어서 생기는 일이니 걱정할 일은 아니다.
죽은 후의 일은 아무도 모르니
살아생전 죽은 뒤를 고민하는 것은 어리석은 일이다.

살아서 근심, 불안, 스트레스라는 불속의 고통을 당하고,
살아서 초조, 공포, 절망이라는 벌레에게 먹힌다.
죽어서나 살아서나 당하는 고통에서 벗어나고 싶어
부처님의 가르침을 따른다.

내가 바꿀 수 있고 없음을 알지 못하는 미련함으로 불안해 떨고,

관성 걱정 불안

걱정하고 서두르며 분노하느라 내 안의 에너지를 고갈시키며,

더럽고 짜증난다

남이 만든 시스템에 나를 밀어넣으려 하고,

어떻게든 들어가!

X 상식   X 예절   X 법칙   X 규율

무엇이든 무한경쟁시켜 창의력을 고갈시킨다.

여기야!   예!   어디있어?

인생은 비상사태, 전쟁상태이다.

천천히 음미하고 사색하는 인생은 사라져버렸다.

혹시 여기가 지옥이 아닐까?

크앙   크흥

공포와 불안이 밀려든다.

공포   불안

가끔 느끼는 행복감은 지옥의 휴식시간.

휴식~♪

그때

부처님께서 감로수를 뿌리며 나타나셨다.

말라붙었던 눈은 촉촉해지고 입안에 침이 돌았다.

감로수 한 방울로 지옥에서 벗어났다.

그리고 부처님의 가피를 온몸으로 느꼈다.

187

살아있는 모든 것은 소중하다

요즘 들어 산짐승들이 심심찮게 도심으로 내려온다.
배고픔에 못 이겨 주택가로 내려왔다 큰 사고를 치고 뉴스에도 나온다.
그런 뉴스를 접할 때마다 우리가 지금 무슨 짓을 하고 있는지
진지하고 심각하게 생각해본다.

짐승들을 도시로 끌어들인 건 사람들이 아닌가?
타협없는 개발로 인해 산속의 짐승들은
먹잇감과 보금자리를 잃고 오갈 데가 없어졌다.
그곳에서 버틸 수 없어 나오면…….
죽여버린다.

인간으로서 '참, 너무한다'는 생각이 드는 것은
내 의식이 초등학생 수준이어서일까?

요딴 미생물은 인간에게 해롭다.

으, 징그러
제거해 버리자.

해충들은 모두 박멸해야 한다.

우리집인데
이게 이러는데...

유해한 동물들은 모두 죽여야 한다.

인간에게 불편을 끼치면
죽음뿐임을 명심해라!

인간은 점점 영역을
착대한다. 그러나!

안락하고, 풍족하게
사는 것에

이토록 큰 대가가 필요한가?

참으로 어리석고
답답하구나.

어항 속 큰 물고기가 작은 물고기를
죽었다.

아작

작은 물고기 사체가
썩어 물도 같이
썩어가면
큰 물고기는
어떻게
되겠는가?

고통스럽겠지요.

그렇다. 지구와 생명을 가진
존재는 이 어항 속의 물고기다.

지구 = 어항

그러므로 인간뿐 아니라 살아있는 모든 것을
소중히 여긴다면 인간도 행복해질 수 있다.

삼장법사님은 고기를 못 드시니 약오르실 거야.

자꾸 뒤집지마

지밀

삼장법사님은 밤이랑 야채만 드세용~

우리는 고기파티

유난 떨 필요없다.

오잉!

쓰윽

자연스럽게

고기를 먹으면 어떡해요!

허허, 귀청 떨어진다.

오공아, 흥분하지 말고 들어라.

초기 불교의 승려들은 집집마다 돌아다니며 걸식을 했다.

주는 대로 먹었기에 고기가 있건 없건 상관이 없었다.

그렇게 세월이 흘러 불교가 정립되자, 신도들이 스님들께 가축을 잡아 공양을 하는 일이 생겼다.

불살생을 죄요시 하는 불교가 가만히 있을 수는 없었다. 그래서 계율을 만들었다.

자연사 하거나 다른 사람이 먹다 남긴 고기는 먹을 수 있지만, 자신을 위해 죽인 고기는 먹을 수 없다.

네~ 알겠습니다.

이 계율이 한국, 중국, 일본에서는 걸식 대신 신도들의 공양물로 대체 되면서 육식을 금하는 것으로 정착된 것이다.

공양물

한국

중국

일본

자연스럽게 채식주의가 된 것이란다. 요즘처럼 고기가 지천에 깔린 세상에서

삼겹살

뭐 먹지?

치킨

순대국

족발

설렁탕

우리가 반드시 알아야 할 것이 있다.

?

?

고기를 얻기 위해 키우는 많은 가축들은 겨우 움직일 수 있는 공간에, 태어나서 도살당할 때까지 갇혀,
온갖 고통을 겪으며 숨만 쉬고 있다.

이런 상황에서 면역력이 떨어지고 전염병에 감염된다. 감염된 가축은 도살 처분당한다.

끔찍한 생매장으로 도살 처분당한 가축들은 썩어간다.

어차피 죽을 것인데 생매장을 하건, 때려 죽이건
상관없다는 생각을 가진 사람들이 사는 사회는 잔인하고
끔찍한 사회이다.

그 사회가 가축을 대하는 것을 보면 인간에게 어떻게
대할 것인지 어렴풋이 보인다고 한다.

우리가 공장식 가축 사육을 멈추지 않는다면 가축들은 미쳐갈 것이다.
행복하게 살리대로 살다가 도축된 가축과 지옥같은 고통 속에서
살다가 도축된 가축이 같을 수는 없다.

고기 섭취를 금하자는 말이 아니다. 행복하게 자란 닭의
계란과 소의 우유와 고기를 섭취하자는 말이다.

한 걸음 더 나아간다면 환경과 동물을 사랑하는 마음으로
채식의 비중을 늘려 식생활을 변화시키자.

불교와 육식

인간의 욕심은 산짐승들에게 국한된 것이 아니다.
가축들에게도 엄청난 고통을 주고 있다.
한 치의 빈틈도 없이 빽빽한 양계장에서
스트레스로 서로를 공격할까 봐 부리마저 잘린 채
고개만 내민 닭들을 보면 가슴이 아프다.
그런 열악한 상황에서 전염병도 돌면 가차없이 도살처분한다.
우리가 먹기 위해 우리와 공존하는 생명체에게
아무 거리낌 없이 고통을 주는 데 섬뜩함을 느끼고,
인과응보라고 우리에게 돌아올 벌을 생각하면
겁이 난다.

Stay in peaceful table©홍성지

엄청난
부
완벽한
배우자
건강
명예
멋진
육체
여러
자랑
거리

에고고~ 다 터졌네,
아이고 힘들어~

아니 벌써 이렇게
늙다니….

봄날의 낮꿈이 요란도 하구나.

스님, 제가 가지고 싶었던 것들이
모두 다 터져버리고 순식간에
저는 어린애에서 노인이
되어버렸어요.

오호~
무엇을 가지려
했느냐?

엄청난 부! 명예!!
완벽한 배우자!자손들!
멋진 육체! 잘나가는 친구들!

그것들을 다~아!
전부 가지려 했단 말이지.

네! 그 정도는 가져야지요!

전~부
가지리라!

어느 곳에서는 원숭이 덫을 놓는데

원숭이 손이
들어갈 만한
구멍

그 구멍 안에 잡으면 손이 빠지지 않을 만한 과일을 넣어
둔단다.

으악, 사냥꾼이다.

명청하기는! 과일만 놓아도 살 수 있는데···.

이얍

죽어서도 안 놓네!

인생의 다리 위를 걷는 인간이 명예, 돈, 권력 등 욕심을 가득 안고 있다.

앗싸! 다 가졌다.

버리면 살 텐데.

그렇게 웃을 일이 아닐 텐데~

아아악

이거 때문에 다 잃었잖아.

얼마나 고생해서 모은 건데~

팍 죽어 버릴까?

살아서 뭐하냐?

에잇

전부를 가지려 욕심부리지 마라.

다 가지려는 욕심을 버리고 작은 것에도 만족한다면, 다 가진 것과 다르지 않다.

이걸 정말 버려야 하나?
안 돼! 버려!
버려! 안 돼!
안 돼!

내가 대신 해 줄게!

뻥

만족

욕심

욕심 쓰레기통

만족한 자에게 또 무엇이 필요하겠는가?

무리하게 과심이 없네.

부

건강

만족

명예

다 가진 사람

우리는 우리 자신도 모르게 너무 많은 것을 바라고 살고 있다.
하나를 가지면 둘을, 둘을 가지면 셋을, 셋을 가지면 넷을 바란다.
그런 삶이 자신에게 행복을 가져다준다고 믿지만
막상 원하는 대로 되어도 생각보다 행복하지는 않다.
그런데 더더욱 어리석은 것은
욕심을 버리고 작은 것에 만족하며 사는 사람들에게
질타와 비웃음을 보내는 것이다.

아주 작은 행복에 기뻐하며 여여한 삶을 사는 사람들.
그들이 향해 가는 행복의 섬을 모르고,
그 섬으로 가는 사람들의 배에 구멍을 내지는 말아야 한다.

Imagine a picture of happyness©홍성지

출가

부처님은 자기의 깨달음을 얻기 위해
아내와 자식을 버린 매정한 남편이고,
무책임한 가장이었을까?
나는 그 점이 무척이나 궁금했다.

처자식을 버리고 출가할 거면 결혼은 왜 했으며 애는 왜 낳았나?
참으로 철 없는 가장이 아닌가?

하지만 조금만 알고나면 부처님을 이해하게 된다.
부처님은 깨달음을 얻으신 후,
약속대로 고향으로 돌아와 아들 라훌라에게
부처님의 십대제자라는 크고 위대한 유산을 주셨고,
아내와 양어머니는 비구니로 귀의하게 해 자신의 깨달음을 같이 하셨다.
더불어 그 당시 왕위 계승 일순위였던 동생은 물론
사촌들까지도 불교에 귀의하도록 인도했다.
즉, 부처님은 사랑하는 사람을 버린 것이 아니라
구한 것이다.

에~효. 처자식 먹여 살리기가 참 힘듭니다.

세상살이가 그리 만만하지 않지.

여쭙기 곤란하지만 부처님은 왜 그러신 거죠?

생뚱맞게 앞, 뒤 설명도 없이 무슨 말이냐?

가장이 출가를 해버리면 남은 가족은 어떻게 하라는 것입니까?

왜 그러셨는지 궁금합니다.

그것이 알고 싶었구나~ 잘 들어라.

옛 인도인들은 세 가지를 인생에서 실천해야 한다고 생각했다.

첫째 카마 (애욕)
젊었을 때 몸의 쾌락을 느끼고

둘째 아르타 (재산)
재물을 모아 물질적 풍요로움을 느끼며,

199

셋째 다르마 (종교)
물질의 행복이 무상함을 깨닫고 종교에 귀의한다.

그 시대에 평균 수명이 30~40대 였으니~

30~40

부처님께서 출가하신 것은 그 시대의 보편적인 인도인들이 실천하고 싶은 삶이었지.

속세 안녕!

그것을 오늘날의 사회 상황과 비교하고 옳고 그름을 따지는 것은 우매한 짓이다.

부처님의 출가는 그로 인하여 깨달음을 얻으셨고, 그 깨달음을 대중과 함께 함으로써 인류에게 큰 축복을 주신 의미 있는 행동이셨다.

아... 그런 큰 의미가 있었군요.

침묵과 묵념

서양 속담에 '웅변은 은이요, 침묵은 금'이라는 말이 있다.
이 말은 여러 가지 측면에서 해석할 수 있지만
결국 '말을 잘하는 것보다 침묵하는 것이 더 가치 있다'라는 뜻이 된다.
누군가에게 기분 좋은 말과 칭찬을 하는 것은 분명 좋은 일이다.
하지만 말이란 것이 참 쉽고도 어렵다.
가끔은 과한 칭찬이 오히려 거부 반응을 일으키기도 하고
자칫 잘못 들으면 기분 좋으라고 한 소리가
뜻하지 않은 오해를 만들기도 하니 말이다.
따라서 말을 과하지도 어긋나지도 않게 잘하지 못할 바에야
차라리 침묵하는 편이 낫다.

지루해

삼장법사님, 너무 조용하니까 너무 심심해요. 염불을 하시든가 목탁이라도 쳐주세요.

니가 매를 버는구나!

꼬
으아

가끔 침묵과 무념에 몸을 맡겨 보아라~

침묵   무념

우리는 너무 많은 말을 쏟아내고 있다.

조잘 조잘 나불 나불 이러쿵 저러쿵 어쩌구 저쩌구

말이 많다 보니, 필요없는 말을 하게 되고 실언을 하게 된다.

그런 말이 아닌데.

다시는 연락하지 마!

201

또한 우리는 너무 많은 생각을 한다. 수많은 망상 속~ 멈추지 않는 생각 속에서 괴로워 한다.

생각 생각 생각 생각 생각 생각 생각 생각 생각

침묵과 무념을 모르는 자는 낮만 있고 밤은 없으며,

맨날 보네

밤이 그리워.

여름만 있고 겨울은 없는 것과 마찬가지다.

맨날 여름이네, 겨울은 언제쯤 올까?

쨍

그런데 어찌 휴식과 안정이 있겠는가?

생각생각 생각 생각 생각 생각 생각
조잘 조잘
나불나불

침묵과 무념이 있기에 값진 말과 제대로 된 생각이 나오는 것임을 알라.

正言   正念

203 J

한두 번도 아니고 배은망덕한 뱀을 왜 구해주시는 겁니까!

뱀도 어쩔 수 없는 거란다. 깨무는 것이 본성인데 어쩌겠느냐.

그걸 아시는 분이 왜 그러세요?

위험에 빠진 생명을 못 본 체할 수 없는 내 본성 때문에 생긴 일인 것을 누굴 탓하겠느냐?

본성이 투견 같은 이를 계속 이해하며 살아야 하는 저와 스님이 비슷하다는 걸 느꼈습니다.

본성

대학 시절 본 영화의 한 장면인데 동물을 무척 사랑하는 청년이 있었다.
그 청년이 우연히 길을 가다 화재 현장을 접하게 되었다.
그 화재가 난 곳은 아이 때부터 항상 가던 애완동물 가게였다.
깜짝 놀란 청년은 무조건 달려가 어른들 사이를 헤집고 들어갔다.
순식간의 일이라 주위의 다른 어른들도 이 청년을 막을 수 없었다.
청년은 우선 강아지들을 데리고 나오고,
다음은 앵무새들, 그다음은 어항을 들고 나왔다.
마지막으로 남은 것은 뱀들뿐이었다.
청년은 어린 시절 모든 동물을 좋아했지만 유독 뱀만 보면 기겁을 했다.
청년은 짧은 시간이지만 고민을 했다.
죽게 내버려둘 것인가? 데리고 나올 것인가?
청년은 결국 뱀들을 칭칭 감고 나와서 기절해버렸다.
잠시 후 청년은 정신이 들자 허겁지겁 도망을 가버렸다.

이 장면에서 나는 깜짝 놀랐다.
너무 웃겨서 사람들은 웃고 있었지만
그 한 컷에서 자비가 사람의 본성임을 깨달았기 때문이다.
뱀의 천성은 무는 것이고, 사람의 본성은 자비다.
무엇이 이 본성을 가로막고 있는지 생각해본다.

Nature©홍성지

부처님의 열반

삶이라는 멈추지 않는 수레바퀴를 벗어나
모든 번뇌망상과 고통을 느끼지 않는 경지란 어떤 것일까?
가끔 눈을 지그시 감고 생각해보지만 가늠하기가 쉽지 않다.

부처님은 불타는 마음을 끄는 것이라고 표현했다.
그렇다!
세상은 불타고 있다.
많은 것을 취하려는 욕심의 불길.
누군가를 미워하는 증오의 불길.

이 모든 불길이 꺼질 때에 괴로움이 사라지니
우리 같은 중생들의 열반은 이 불을 끄는 데서 시작된다.

삼장법사님, 부처님께서는 열반을 두 번이나 하셨는데 어떤 의미가 있는지요?

부처님께서는 35세에 깨달음을 얻으시고 열반하셨다.

이 열반은 불 속에 *탐진치의 장작을 넣지 않아 자연스럽게 꺼진 상태,

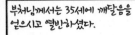

이글거리며 불타오르던 것이 고요히 가라앉은 차분한 상태를 의미한 것이지~

생명의 불꽃이 꺼진 상태가 아니란다.

그 후 45년 간, 인류에게 크나큰 가르침을 주셨고,

80세에 입멸하시면서 열반에 드셨는데,

이것이 두 번째 열반이셨다.

두 번 다 열반이라고 표현한다. 하지만 의미에는 차이가 있다.

첫 번째는 번뇌망상을 극복한 열반이요.

두 번째는 완전한 열반을 하신 것이다.

그러나 이것은 표면적인 것이요, 부처님께서는 매 순간 열반하시며 우리를 깨우쳐주셨다.

207 J

*탐진치 : 탐욕(貪欲)과 진에(瞋恚)와 우치(愚癡), 곧 탐내어 그칠 줄 모르는 욕심과 노여움과 어리석음.

저급한 자와 고급한 자

가면을 쓰고 거짓 연기를 하는 자나
자신의 이익만을 위하고 절대 손해보지 않기 위해
양심을 저버리는 자는 저급한 자이다!
자신의 본래 얼굴을 자신있게 보이고,
있는 그대로 자연스럽게 행동하며,
의로움과 양심을 따르며 이익과 손해에
마음을 두지 않는 자는 고급한 자이다.

고급한 자는 외연의 유혹에도 흔들림 없이
자신의 내면을 굳건히 지킬 수 있는 자를 말한다.

엉덩이가 커서~
없다

두 칸이면 충분해, 히히~

살려주세요
못봤다

강도사건에 모른체
○○○뉴스
말세다, 말세야!

자기네 가족이라고 생각해봐. 그럴 수 있겠냐구!

야! 이 XX야, 너 X을 수가 있어. 개XX야.

이 자식이 어디서 욕이야!
아빠, 저 18등 했어요.

궁시렁 궁시렁

오늘도 큰소리 뻥뻥 쳤다!

그러던 어느날

삼장법사님, 제 자신이 한심합니다.

너처럼 모순적인 사람을 저급한 자라고 한다.
맞습니다

그러나 고칠 의지가 있으니 곧 중급은 될 것이고~
노력 하겠습니다.

내면과 겉모습이 가식을 벗어 버리고 하나가 될 때, 우리는 고급한 자가 될 수 있다.
내면
겉모습

209 J

기복신앙

사람들 중에는 자기의 소원을 이루어 달라며
종교를 찾는 이들이 있다.

"제발 우리 아들 합격시켜 주세요."
"제발 우리 남편 승진시켜 주세요."

만일 이러한 것이 다 이루어진다면 어떤 세상이 될까?
누가 누가 더 잘 빌고, 누가 더 애걸복걸하느냐에 따라
원하는 것이 이루어지는 소란스런 세상이 될 것이다.

원하는 것을 달라고 믿는 것이 아니라
지금 가진 것에 감사하기 위해 믿어야
종교가 종교다워질 것이다.

부처님, 다 필요없고 돈벼락이나 왕~창!

부처님 제발 건강하게만 해주세요!

참참~ 하나만 더! 끝내주게 이쁜 여자랑 결혼도 하게 해주세요!

우리 아들, 딸이 좋은 대학에 가게 해주세요.

요즘 밥맛이 없어요. 식욕 좀 돌아오게 해주세요.

그리고 이번에 산 주식 다 올라서 부자 되게 해주세요.

소원 뭐라고 빌었냐?

어쩌구 저쩌구 어쩌구 저쩌구

너는?

어쩌구 저쩌구 어쩌구 저쩌구

오공아! 너는 소원을 뭐라고 빌었냐?

빌다니 뭘 빌어?

절에는 소원성취하려고 오는 거잖아.

내 삶이 감사하고 행복한데 무슨 소원이냐?

돈이 많이 없어도 충분히 행복할 수 있고,

보시 사회환원

50000 50000

만족

건강이 약간 안 좋아도 행복할 수 있으며,

운동으로 건강을 회복하자.

허얏 ~골골 100년

잘나지 않은 배우자고도 행복할 수 있다.

자기가 최고야!

자기깨 최고야!

난 행복할 수 있는 마음을 부처님께 감사드리러 절에 온다.

천하무적 마음

옛이야기 하나를 소개하겠다.

어떤 스님이 깊은 산길을 가는데 목 없는 귀신이 다가와
중의 살을 먹고 싶다고 하자,
"허허허, 주둥이도 없는 귀신이 어디로 나를 먹으려 하느냐! 세상의 공포와 괴로움을 벗어
나 부처님의 제자가 된 이상, 그 어떤 괴물이 나타나고, 그 어떤 끔찍한 일이 일어나도 내
마음은 잔잔한 호수처럼 조용하며 동요하지 않으니 내 앞에서 사라져라!"
하고 스님이 말했다.
그 말을 들은 귀신은 조용히 사라졌다고 한다.

완벽한 마음.
세상 어떤 일에도 흔들리지 않는
부처님의 마음을 가지고 싶다.

쟤랑 놀지 말자.

나를 왕따시켜도,

너 같은 무근육 남자는 싫어!

내가 무려하는 것

나를 실연시켜도,

난 지폐 아니면 안 받는다니깐.

500

나의 보시를 무시해도,

저 인간, 저 미친 XXX!

나를 욕해도.

분노하거나 한탄하며 절망하지 않으며…

꺼 어이

꺼이

당신의 그림 솜씨는 신의 경지입니다.

나를 최고로 인정해도,

213

자기처럼 추진력 강한 사람은 너무 멋져!

나를 영원히 사랑해도,

990원에 딱 10원 모자랐는데, 감사합니다.

나의 보시에 감사해도,

당신이야 말로 이 나라를 구하실 분입니다.

와—!

대통령 당선증

전 국민

나에게 명예와 권력을 주어도,

그것에 집착하거나 동요되지 않는다면 그는 천하무적 마음을 가진 인간이다.

세상에서 제일 큰 고통은 식욕을 참는 거야!

아니지~ 색욕이 제일 큰 고통이라구.

웃기시네~ 화내는 게 얼마나 큰 고통인데.

두려움에 떨어 보면 그게 얼마나 큰 고통인지 알 수 있지.
두려움

삼장법사님은 어떤 고통이 제일 크세요?

글쎄다, 너희들이 말한 고통이 다~크지. 하지만!

고통
고통이 크냐 아니냐보다, 고통을 이겨낼 수 있는 방법이 더 중요한 것이다.
고통

그…, 그렇지요.
그게 더 중요하지요

혹시~ 비법이라도 아시는지요?
주문이랄지 도술이랄지

그 고통이 생기는 곳은 몸이니라.

고통의 종류가 가지라면 고통의 원인인 뿌리는 몸이란다.
몸이 없으면 고통도 생기지 않겠지요.
색욕
화냄
식욕
두려움
뿌리 (몸)

자, 여기들 있다.

오홋!

이 운문을 고통스런 상황이 생길 때, 열심히 외우거라.

그리하면 미혹된 마음에 자제력이 생길 것이다.

식욕 때문에 고통스러워, 운문을 외워 보자.

사람은 스스로 헤아려 음식을 적당히 섭취해야 한다. 그러면 괴로움도 빨리 늙지 않으며 적고 천수를 누릴 수 있다.

나를 자제할 수 없구나. 미칠 듯한 색욕이여.

방탕한 마음이 음행에 빠지면 애욕의 가지가 마구 자라나니, 먹이를 찾는 원숭이처럼 미쳐 돌아다닌다.

또 분노가 치미네.

성내는 마음을 스스로 자제하여 수레바퀴를 멈추듯 너는 훌륭한 마부. 오직 고삐를 잡을뿐!

215

사는 것이 두려워~

잠 못드는 사람의 밤은 길어라 피곤한 사람의 길은 멀어라 부처님의 가르침을 모르는 자 생사의 밤길은 길고 힘들다.

운문에는 신비한 주술적 요소가 내포된 것이 아니라, 오직 너희들이 몸과 마음이 각성하여 고통에서 벗어난 것이다.

大雄殿

고통 해결법

봄에는 갖가지 꽃들이 아지랑이 사이로 화사하게 피어나고,
여름에는 푸른 나무들 사이로 시원한 바람이 불어온다.
가을에는 형형색색 단풍과 은은히 달빛이 세상을 수놓고,
겨울에는 흰 눈이 산과 들을 포근하게 덮어준다.
봄과 여름, 가을과 겨울을 오롯이 느낄 수 있음은
더할 나위 없는 행복이다.

우리도 욕심, 근심, 애욕과 같은 욕망의 찌꺼기들을
마음에서 치워낼 수만 있다면
인생에 좋지 않은 시절이 어디 있겠는가?

쓸데없는 생각을 줄이자!
그럴 수만 있다면 고통과 괴로움은 줄어들고
이 세상은 능히 살아볼 만한 곳이 되리라.

Dance along with flowers©홍성지

세상만물이 부처님이다

부처님의 말씀 중에 나에게 가장 큰 위안이며,
진리의 깨달음이며, 희망이 되는 것은
우리 모두가 부처가 될 수 있다는 말씀이다.

위대하고 전지전능하여 절대로 도달할 수 없는 신의 경지가 아닌
누구나 깨달음을 얻으면 부처가 될 수 있다는 말씀이
이 세상을 밝고 희망차게 만든다.

다른 사람을 부처로 대하고, 나를 부처로 대하니
온 세상 어느 곳에 악과 근심이 있을까.

푸른 산은 부처님의 도량이요.

맑은 하늘, 흰구름은 부처님의 자취이며,

생명들의 노랫소리, 부처님의 설법이고,

대자연의 고요함은 부처님의 마음이다.

부처님의 마음으로 보면~

모두가 부처님이니.

온 세상에 불심 없는 것이 없다.

佛
心

한 순간도 잊지 않고 부처님을 생각하면
온 세상이 *불국토요, 극락이다.

*불국토 : 부처님이 계시며, 부처님의 교화가 미치는 곳.

차별

우리 동네에는 특이한 옷차림의 할머니가 사신다.
패션 감각이 좋고 취향도 다양해 어느 날은 인도풍으로, 어느 날은 집시풍, 또 어떤 날은
중·고등학생들이 즐겨 입는 운동복을 입고 나타나신다. 거기다 항상 딱 봐도 특이한 모자
를 쓰고 다니신다. 그런데 이 독특한 패션 때문에 할머니는 자주 구설수에 오른다.
"뭐야, 저 할머니 미친 거 아냐?"
"그러게. 저 나이에, 저 옷이, 저 모자, 저 패션이 어울리냐?"
모두가 같기를 바라는 사람들의 마음이 잘 드러나는 일이다. 다르다는 것은 틀린 것이 아
니다. 아무리 봐도 할머니의 옷차림에는 틀린 것은 없다. 다른 것만 있을 뿐이다.

다른 것이 독특함이나 창의력으로 통해야지 틀린 것으로 통하면
그 사회는 답답한 사회가 될 수밖에 없다는 게 나의 생각이다.

수많은 정신과 육체를 가진 각각의 인간들의 몸속에 흐르는 피의 색깔은?

붉은색이다. 투명한 침을 흘리고, 노랑색 소변과 황토색 대변을 배출한다.

이렇게 똑같은 점이 많은데 서로를 차별한다.

문화로, 나라로, 종교로 불신의 영역은 끝이 없다.

생명체라면 황인, 흑인, 백인 다~죽음을 맞이 한다. 황인이라고 영원히 사는가?

병은 어떤가? 인종을 가리는가? 홍수는? 지진은? 쓰나미는? 태풍은?

221 J

나쁘거나, 좋은 것을 대자연은 차별하면서 주던가?

우리는 서로 차별하고 다름을 인정하지 못한다.

다름을 인정하고 이해할 때 참된 인간이라 할 수 있다.

*보왕삼매론

자만과 욕심, 경솔함은 부족함이 아닌 넘침에서 생긴다.
부와 명예를 가진 자에게는 자만이 생기고 쉽고,
건강을 가진 자에게 욕심이 생기기 쉬우며
많이 배운 자에게는 경솔함이 생기기 쉽다.

물속의 미꾸라지는 천적인 메기가 있을 때 더욱더 잘 자란다고 한다.
자기들끼리만 있으면 너무 편해서 게을러지고 약해지지만
메기가 한 마리 나타나면 열심히 피해 다니고 조심하느라
면역력도 더 생기고 힘도 더 붙는다는 것이다.

사람도 마찬가지 아닐까?
모든 면에서 편하고 풍족하면
자신의 삶에 부정적인 결과를 초래하는 경우가 많다.
약간은 부족하고, 조금은 불편하게 살면서
긴장과 절제를 유지하는 삶이 우리를 더 건강하게 한다.

몸에 병 없기를 바라지 마라. 병이 없으면 탐욕이
생기기 쉬우니, 병을 양약 삼아라.

삶에 곤란 없기를 바라지 마라. 곤란이 없으면
업신여기는 마음이 생기니, 근심과 곤란으로 삶을 살아라.

공부하는 데 마음 장애 없기를 바라지 마라. 마음에
장애가 없으면 배우이 넘치게 되니, 장애 속에서
해탈을 얻어라.

수행하는 데 마 없기를 바라지 마라. 마가 없으면
서원을 굳게 세우지 못하니, 마를 수행을 도와주는 벗으로
삼아라.

일이 쉽게 되기를 바라지 마라. 쉽게 되면 경솔하기
쉬우니, 어려움 속에서
성취하라.

친구 사귐에 내 이로기만 바라지 마라. 나만 이롭고자
하면 의리를 상하게 되니, 진실로써 사귀어라.

남이 내 뜻대로 순종해 주기를 바라지 마라. 내 뜻대로만
되면 교만해 지기 쉬우니, 내 뜻이 맞지 않는 사람들을
동료로 삼아라.

공덕을 베풀면서 과보를 바라지 마라. 과보를 바라면 뜻을
가지게 되니, 베푼 덕을 헌 신처럼 버려라.

이익을 크게 바라지 마라. 이익이 크면 어리석은 마음이
생기니, 적은 이익으로 부자가 되라.

억울함을 밝히려 하지 마라. 원망하는 마음을 돕게 되니,
억울함으로 수행하라.

*보왕삼매론 : 명나라의 묘협 스님이 불자들이 어려운 일을 당했을 때 마음을 어떻게 써야 하는지를 적은 글.

죽여버린다

가끔 도저히 상대할 수 없는 사람을 만날 때가 있다.
인간관계의 마지노선!
이해하고 넘어가기에는 불가능한 경계를 넘은 사람은
마음속에서 조용히 없애버린다.

어떻게 들으면 무시무시한 이야기일 수도 있다.
한 인간의 존재를 지워버린다는 말이니…….
하지만 그렇게 하지 않으면
모두가 늪에 빠져 허우적대는 상황이 생긴다.
그런 상황이 생기기 전에 마음속에서 지워버린다면
자신도 인정이라는 불편에서 벗어날 수 있고
상대방도 자신의 잘못을 깊게 반성할 수 있다.

말을 잘 다루는 촌장과 부처님이 만나서 이야기를 나누던 중

말을 잘 다루려면 어떻게 해야 하는가?

세 가지 방법이 있습니다.

첫째, 부드럽게 다룬다.

둘째, 엄하게 다룬다.

이 두 방법으로도 길들이지 못하면 죽인 다음 고기로 먹습니다.

부처님께서는 제자들을 어떻게 다루시는지요?

나도 마찬가지로 세 가지 방법이 있다.

첫째, 부드럽게 다룬다.

둘째, 엄하게 다룬다.

이 두 가지 방법으로도 안 되면 나 또한 죽여버린다.

네~에? 살생은 안된다고 말씀하셨잖아요!

살생에는 두 가지가 있다. 육체적 살생과 정신적 살생!

제자가 내 말을 따르지 않고, 나 또한 그에게 가르치거나 훈계를 하지 않는다면 그는 죽은 것과 다르지 않다.

중도의 진정한 의미

우리가 제대로 된 중도를 행하기 위해서는 팔정도의 길을 가야 한다.
그 길은 올바른 길이다.
올바르게 보고, 올바르게 생각하고, 올바르게 말하고,
올바르게 행동하고, 올바르게 생활하고, 올바르게 노력하고,
올바르게 명상한다.

부처님은 이 중도를 행함으로써 바른 지혜를 얻고
여여한 열반의 문을 여셨다.

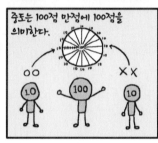

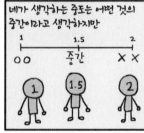
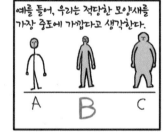

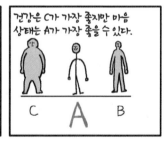

허상

집안 어른 중 몇 분은 XX기업을 좋아하시고 00신문을 즐겨 읽으신다.
우리를 보시면 00신문을 보라고 자주 말씀하시고,
00신문에서 XX기업을 칭찬한다는 말씀을 자주 하신다 .
00신문과 XX기업은 깊은 연관이 있는 곳이고 서로 상부상조하는 것인데
그것을 말씀드려 봤자 서로 상처만 날 것 같아 그냥 넘어간다.

대신 레코드판을 틀어놓은 것처럼 반복되는
그분의 말씀을 듣고 돌아오는 날이면 나는 자신을 되돌아본다.
00신문이 진리라고 믿는 그분들처럼 혹시 나도 허상에 잡혀 있지는 않은가?
내 주위를 세심히 둘러보는 계기로 삼는 것이다.

229

인정받고 싶다

남을 의식하는 것은 인간의 본성이다.
특히 자신이 잘한 것을 알아주기를 바라는 마음은 누구나 가지고 있다.
그러나 인정받고 싶어 안달하는 것은 외물에 의해 노예처럼 몸을 굴리는 것과 같다.
마음은 외물의 눈치를 보며 평온해했다가 분노하고,
여유를 부리다가 조급해하고, 초연한 듯 싶다가 격정에 휘말린다.
변화무쌍하고 통제 불능인 얌체공처럼 어디로 튈지 모른다.
그러므로 마음을 없애야 한다
내 마음이 없으니 번민도, 미혹도, 번뇌도, 깨달음까지도 사라진다.

모든 것이 사라지고 나면 본연의 내가 되어 자유로운 주인의 삶을 누릴 수 있다.

저는 신념을 가지고 선하게 살아왔습니다.

그런데 남들이 저를 인정하고 대접해주지 않습니다.

....

제가 인류의 평화와 행복에 얼마나 크게 이바지했는데···.

그런 저에게 이런 대접을 하다니, 분노할 수밖에 없습니다.

그럼 이렇게 세상을 생각해 보자.

주 인   노 예

만족

난 영원한 너의 주인이다.

저는 영원히 주인님의 종입니다.

체념

이런 세상은 어떠냐?

그런 세상은 더 싫지요!

내가 보기에 너는 노예보다 더 불행하구나.

~멍

남들이 너의 가치를 알아주지 않는다고, 너의 감정이 요동친다면 넌 너의 마음의 주인이 아니다.

인정X   남 (주인)

깽   나 (노예)

231

저 노예는 삶을 인정하고 몸은 고달프겠지만, 마음의 안정을 얻었다.

주인님이 날 인정 하셨어~

너는 몸의 안정은커녕 마음까지 분노에 불타고 있다.

마음도 피곤

몸도 피곤

어떤 삶이 더 불행할까?

노예

독립된 개체지만 주인은 타인

남을 의식하지 마라. 너의 본 모습 그대로 행하고, 남들에게 무엇인가를 바라지 마라.

요거 해주면 뭐라도 주겠지~

그것은 감정(인정, 대접 등)의 구걸이다. 그런 욕정을 버리고 진정한 선행을 한다면

구걸! 구걸! 구걸!

감정은 거저나~

타 ㅇ ㅣ ㄴ

받기 싫어도 인정을 받을 것이요. 또한 못 받은들 어떠랴. 자신이 만족했다는데~

번쩍   만족

진리는 누가 만드나?

나는 어릴 적부터 그림 그리기와 글쓰기를 제일 좋아했다.
운이 좋게도 살고 있던 동네에는
경복궁, 프랑스 문화원, 정독 도서관, 00문고, 미술관 등이 즐비해서
좋은 그림과 글을 많이 볼 수 있었다.
그 덕택인지는 몰라도 획일화된 생각, 규격화된 논리를 벗어나
다양한 관점에서 세상을 볼 수 있었다.
그런 다양하고 유연한 사고로 세상을 보다 보니
진리에 대한 목마름도 커졌고,
지금도 열심히 진리에 대해 공부하고 있다.

엄마의 젖

속성으로 모든 것이 해결되는 것은 완전하지 못하다.
아프면 약 한 알로 다 해결.
비행청소년은 한 시간의 교육으로 다 해결.
전자레인지 3분이면 진수성찬 완성!
한 번만 믿으면 속죄도 다 해결.

하지만 그런 건 없다.
엄마의 젖처럼
아기를 위해 좋은 것만 먹으며
스트레스 받지 않고
천천히 생성된 것이야말로
완전하다.

부처님의 설법도 이러하다.
부처님의 설법은 엄마의 젖처럼 완전한 것이다.

오잉~

하이~ 오공! 절에 다녀오나 봐~ 여기서 자주 보네.

응..., 절에서 설법을 듣고 오는 중이야.

안정... 평온...

우리 종교는 세상 이치를 빨리 깨우쳐 주셔서 배울 게 이제 없어.

한 마디로 젖먹이를 어른으로 성장시켜주지.

넌 언제쯤 그런 경지에 오를래?

부럽지?

부러울거다!

꽉

팔계야! 그런 말을 하는 것 자체가 깨닫지 못함을 의미하는 거야!

소가 젖이 마르면 새끼는 어미 곁을 떠날 수밖에 없지만

엄마

비틀 비틀 꼬르륵

어미 젖이 충분하면 떠나지 않는다.

쭙 쭙

마치 부처님의 설법처럼 말이지.

너의 상태를 보니 가르침을 충분히 못 받은 듯. 특히~

끄~응

이웃 종교에 대해 함부로 말하는 것은 좋은 모습이 아니야.

반성

우리 팔계 잘 먹네~ ♬

사랑과 정성이 가득한 엄마 젖과 같은 법문.

며칠 뒤

오공아!

하~이

235

단정짓지 마라

피카소를 좋아한다.
그러나 그의 여성 편력은 좋아하지 않는다.
그런데 여성 편력은 피카소 예술의 원천이었다.

좋아하는 어떤 것을 바라보며 느끼는 행복감과 기쁨은 소중하다.
그러나 마음에 들지 않는 다른 쪽을 볼 때
불편함을 느낀다.
그 불편함은 나의 단정적인 마음에서 나온 오류일 수도 있다.

부처님은 자신을 항상 믿고 따라준 빔비사라 왕을 굶겨 죽인
아샛따샷뚜를 단정적으로 미워하지 않았다.
부처님이 어떤 일이든 단정적으로 결정하지 않았던 이유는
그 이면에 다른 어떤 것이 있을 수 있다는 것을 아셨기 때문이다.
이처럼 부처님의 눈으로 본다면 단정 지을 만한 일들은 그리 많지 않다.

저는 미국, 일본인이 싫어요.

왜 싫으냐?

우리나라를 착취했었고, 지금도 힘들게 합니다.

그래서 다짜고짜 묻지도 따지지도 않고 싫다는 것이냐?

네! 무조건 싫습니다.

아우 싫다

이

네가 싫어하는 미군인 중에는 스티브 잡스도 있다. 그래도 싫으냐?

오..그러네요..

저는 미국, 일본인이 좋아요~

그랙

왜 좋으냐?

우리나라에 도움을 주고 풍요롭게 살게 해주었어요.

그래서 다짜고짜 묻지도 따지지도 않고 좋다는 것이냐?

네! 무조건 좋습니다.

팔랑

팔랑

237 J

네가 좋아하는 일본인 중에는 토요토미 히데요시도 있는데 그래도 좋으냐?

조선을 정벌하라!

으흐혀 가혹한 운명이여

...

이런 창팡앞건 경우가 어디냐?

~ 우리는 어쩌라고 좋을까?

무조건 좋다는 것도, 싫다는 것도 자신의 오만한 생각이 만드는 것이다. 뜻이 맞는 사람과 맞지 않는 사람이 있을 뿐.

좋다 × 싫다 ○ 뜨뜨

다닥

그러므로 좋고 나쁨은 항상 심사숙고하고 긴 시간을 가지고 결정해야 한다.

그것이 과연 옳은 것일까?

깊이 생각해 보자.

영원히 늙지 않는 청춘, 질병에 걸리지 않는 몸, 영원히 죽지 않는 삶.

이렇게 세 가지만 주십시오.

영원한 청춘

늙지않는 몸

아무리 왕이라도 그것은 불가능하다.

그럼 죽은 후, 다시 태어나지 않도록 해주십시오.

그것 또한 불가능하다.

인생을 즐기면서 행복하게 살라고요.

생로병사가 시퍼런 눈으로 지켜보고 있는데 잠시 내 눈을 가려 잊거나,

안볼거다

忘

生 老 病 死

술에 취해 잊고 있는 것입니다. 현실은 그렇지 않은데 순간의 쾌락에 저를 맡기라 하십니까.

忘

生老病死

출가하여 인생을 깨닫게 해주십시오.

결국 왕자는 출가하게 된다.

바로 그분이 부처님이시다.

유산을 한 푼이라도 더 받으려 난리인데, 왕위조차도 부처님에게는 물거품만도 못한 것이었군요.

저건다 내거다

헉!

유산

아싸!

저건 다 내게 꺼구.

그렇다. 인간은 깨달음을 얻는다면 기본적인 의, 식, 주와 최소한의 소유만으로

239

깨닫지 못하고 천하의 재물을 다 가진 자보다 행복할 수 있다.

더 더 행복해 져야해!

만쪽

그것을 모르는 다수의 인간들이 불나방처럼 재물의 불 속에 뛰어들어 타 죽어가고 있다.

불공평 불만족

사람은 누구나 무엇인가를 소유하려는 마음을 가지고 있다.
하지만 좋은 옷, 신발, 가방, 자동차 등
물질을 소유했을 때의 만족감과 기쁨은 오래가지 않는다.
다른 무언가를 또다시 소유하려는 욕망만 더 커질 뿐이다.

그러나 깨우침을 주는 사상, 철학, 예술과 만나고
새로운 경험을 쌓는 여행을 하고나면 다르다.
세상과 소통할 때의 기쁨과 행복감은 시간이 지날수록
더욱더 깊고 풍부한 향기를 남기기 때문이다.

물질을 소유하면 세상은 점점 불공평하게 보이고,
더 좋은 것, 더 많은 것으로 채우지 않는 이상 만족하지 못한다.
반대로 깨우침을 소유하면 세상은 점점 공평하게 느껴지고,
지금 가진 것만으로도 만족하고 감사하게 된다.

세상이 불공평하게 느껴지고,
삶에 만족하지 못해 괴로워지면
나는 인간의 생로병사, 희로애락의 감정조차도
여여히 흘러보냈던 부처님의 깨달음을 꿈꿔본다.

Time out of mind©홍성지

배움의 올바른 길

어떤 분야이든 최고의 위치에 오른 사람들을 보면 존경심이 생긴다.
그들은 각자의 높은 산봉우리를 굳은 의지와 노력으로 오른 것이다.
무술이든 지식이든 그 분야에 일가견이 생기면
자신보다 못한 사람 앞에서는
괜히 콧구멍이 하늘로 향하고 주둥이 모양이 엎어진 그릇처럼 변한다.
여기서 더 심해지면 무시하고, 깔보고, 짓누르기까지 한다.

이럴 때 부처님은 하심하고 자신을 낮추라고 하셨다.
자만심이 가득 차게 되면
안하무인이 될 수 있기 때문이다.

아빠 격투기를 배우고 싶어요!

배우고 싶은 이유는?

귀찮게 구는 놈들 혼내주려구요.

띵요 황당 헐 퍼ㅡ억 파

깐돌아~ 그런 이유로 배우면 안 돼.

꼭 배우고 싶어요!

그런 마음으로 무술을 습득함은 흉기를 습득하는 것이다.

바른 정신, 올바른 힘!

어디 맛 좀 봐라!

진정한 무도인은 함부로 힘을 쓰지 않는다.

덤벼 이 X자식아, 겁 먹었나?!

저런 겁쟁이!

평정심.

자신의 마음을 조절할 수 없다면 무술 뿐 아니라 무엇이든 배워서는 안 된다.

자기만 옳다고 남을 억압하는 사람이 정치를 한다면 세상은 혼란에 빠질 것이며,

힘센 자, 승리자 맘대로!

나만 잘 살려는 피도 눈물도 없는 사람이 경제인이 된다면 세상은 불행해진다.

왜들 그래

내가 번 돈 내 맘대로 한다는데~

내 기분 따라 폭력을 행하는 사람이 많다면 세상은 무법천지가 될 것이다.

왜 스치고 지나가!

싫어!

까부네, 일단 맞자!

악 퍼억

그러므로 어떤 길을 가던 평정심을 잃지 않고~

바른 생각!

자신의 감정을 조절할 수 있을 때 배움의 길을 가야 한다.

네.

배움이 중요하다고 하지만 진정 중요한 것은 바른 마음이다.

243 J

마음속 행복 하나

텔레비전을 보다가 '고전을 공부하는 모임'에서 나온 분이
자신의 삶에 대해 이야기하는 것을 들었다.
그분은 든든한 직장을 그만두고 고전에 뜻이 있는 사람들과 함께
공부하고 있다고 했다.
고전을 읽고 공부하는 삶에서 그분은 큰 행복을 느끼는 것 같았다.
더군다나 혼자가 아니라 뜻이 맞는 사람들과 함께라니…….
그분과 함께하는 사람들은 고전을 통해 깨달은 바가 있으면
서로에게 가르쳐주었다.
그리고 가르침을 받은 사람은 먹을거리로 보답했다.
이른바 배운 값을 내는 것이다.
뜻 맞는 친구들과 늘 같이하며, 좋아하는 일을 하고,
거기다 깨달음까지 얻고 있으니 그 무엇이 부럽겠는가?
그들의 이야기를 들으면서 잠시나마 나도 행복을 느꼈다.

삼장법사님, 저의 삶은 왜 이리 지지리 궁상일까요?

주위 지인들과 비교해보니 비참한 기분이 드네요.

제 친구 사오정은 타워 팰리컨 300평에 살면서 벤츠 자동차를 몰고 연봉 30억을 받고 살아요.

사뿐 사뿐

그에 비해 저는 평범한 50평대 아파트에 그랜저 자동차를 타고 연봉이 1억 밖에 안 돼요.

난 거지!

이런 나 자신이 증오스러워요.

지금~ 고민이라고 말하는 거니? 자랑하려고 말하는 거니?

경멸

저는 팔계의 마음이 아주 조금 이해가 될랑말랑 합니다.

똑같은 소득 수준의 사람들 중에도 한 사람은 능력이 되지만 적당히 벌며, 남에게 아쉬운 소리를 안 하고 깨끗하게 살고

우리들은 똑같이 번다

여기까지만 할게요.

절약 청빈

~믿고 함기롭게

저량

일

일

더 해줘요!

똑같은 소득

한 사람은 능력도 없으면서, 악을 쓰며 힘들게 살고 있습니다.

돈! 돈! 돈!

돈만 준다면 뭐든지 한다!

살 만큼 사는데 왜 저러지?

굽신 굽신

있는 자

다~ 나보다 잘 살아.

분명 둘은 같은 소득 수준이지만 한 명은 행복한 삶, 다른 한 명은 불행한 삶을 살고 있지요

행복

만족 자존감

불행

돈! 돈! 돈!

보이는 물질적 평등함 속에서도 저런 상황인데, 팔계의 입장에서 보면 불행한 거지처럼 살고 있다고 생각될 것 같습니다.

애매하다. 이해냐? 동정이냐?

그렇다! 마음 속의 행복 하나가 천만금보다 더 얻기 힘든 것이요, 소중한 것이다.

수천억조

행복

245 J

마음먹지 않을래

모든 것은 마음에 있다.
그러니 마음을 움직일 수 있어야 한다.
아니, 아직 그건 어렵고,
그냥 마음먹지 않을래.

와아~ 새해가 밝았다.

삼장법사님, 새해 복 많이 받으세요.

그래그래.

너도 새해에는 복 많이 지어라.

복을 많이 지으라니요?

한때 부자되라는 인사가 유행한 적이 있었지.

부자 되세요

마음의 부자, 베풂의 부자, 행복의 부자라는 뜻으로 이해하면 좋은 뜻이나

마음의 부자 되세요!
마음

베풂의 부자 되세요!
베풂

행복의 부자 되세요!
행복

福

앞에 아름다운 의미가 붙지 않으면 물질적인 느낌이 들더구나.

부자되세요!
물질

죄를 지으면 죄를 받고, 복을 지으면 복을 받듯~

죄

복

우리 모두 복을 지어 복을 받자는 뜻이다.

복 복 복
복 복 복
복 복 복

무작정 복 많이 받으라는 덕담보다~

새해 복 많이 받으세요!
새해 복 많이 받으세요.

덕담

복을 많이 지으라는 말은 능동적이고 더 좋은 의미를 가지고 있습니다.

지식 베풂

도움이 필요한 곳

물질 베풂

노동 베풂

그렇다. 복을 많이 지어 타인이 행복해할 때~ 저절로 복이 들어온다.

새해 복 많이 지으세요!

새해 복 많이 지으세요

부처님의 자제 아누룻다는 용맹정진 끝에
육체의 눈은 잃었지만 법의 눈을 떠 천안 제일이 되었다.
어느 날 그는 한참을 실과 바늘을 들고 실랑이를 하다가
안 되겠다 싶었는지 주위 사람들에게 도움을 요청하였다.
"저의 실을 바늘에 꿰어주시면 복을 받으실 것이니 도와주시오."
그때 부처님이 직접 실을 바늘에 꿰어주셨다.
아누룻다는 부처님이 직접 실을 바늘에 꿰어주신 것을 알자,
"부처님처럼 복과 덕을 갖추신 분이 또 복을 지을 일이 있으세요?"
하고 물었다. 그러자 부처님이 말씀하셨다.
"부지런히 복을 짓는 것은 내가 가지고 싶어서가 아니라
모든 중생에게 주기 위해서이다."
복을 지어서 모든 만물이 행복할 수 있다면 그것이 나의 복이다.

249

걱정 많은 사람들

오랜만에 조카가 놀러 왔다.
우리 아이와 내 조카는 동갑내기 여자아이로 무척 친한데
얼마간 재미있게 놀다가
'오늘 같이 자고 내일까지 놀면 안 돼?' 하고 물었다.
이런저런 이유로 안 된다고 했더니
아이들은 그때부터 헤어질 걱정을 하는 건지
시무룩해져서 잘 놀지 못하는 것이었다.
조금 뒤에 있을 일로 지금 주어진 시간을
즐기지 못한다니 얼마나 안타까운 일인가?

그러나 잘 생각해보면 이런 일은 어른들에게 더 자주 일어난다.
쓸데없는 걱정에 시름하는 사람들이 어디 한둘이던가?
아직 닥치지도 않은 일로 걱정하느라 지금 이 순간,
황금 같은 시간을 허투루 흘려보내고 있으니
정작 안쓰러운 건 아이들이 아니라 어른들이다.

아이는 어른 하기 나름이다

2,500년 불교 역사에는 훌륭한 선사들이 많이 있었다.
그분들의 가르침은 아름다운 시처럼
지금도 너무나 감동적이고 멋지며 진실하다.

이분들이 있어 오늘날 불교가 있는 것이다.
파르라니 머리 깎은 스님들이 승복을 입은 모습을 보면
나도 머리를 깎고 스님이 되어 부처님의 제자로 살고 싶다가도
여러 가지 사정상 마음만으로 만족하고 있다.
내 마음이 이렇게 흔들리는 것은
훌륭한 선사들에게서 수행의 모범을 보기 때문이다.

유대인들은 돌이 갓 지난 무렵부터 아이에게 책을 읽어준다고 한다.
그래서 네 살쯤 되면 1,500개 이상의 어휘를 알게 되고,
그 이후에는 책을 읽어주지 않는다.
대신 부모가 책을 읽어주는 모습을 보여준다.
책을 읽으라고 지시하는 것이 아니라
책을 읽는 모범을 보여 자녀를 책 읽는 아이로 자라게 해주는 것이다.

그러니 엇나가는 아이 때문에 머리가 아프다면
아이를 탓하기에 앞서 부모로서 자신의 모습을 한 번쯤 뒤돌아 보아야 한다.
아이는 어른 하기 나름이라고 하지 않던가!

일하고···

또 일하고~

또 일했다.

일에만 신경 쓴 사이에 아이는 반항하고

아빠는 아무것도 몰라요! 아무것도 하기 싫어요! 다 못 한다구요!

저걸팍!

아내는 분노하고 짜증 낸다.

세상 물가가 얼마나 올랐는데 쥐꼬리만큼 주면서 생색내기는! 일은 너만 하냐?

패닉 상태

나는 열심히 일만 했다구!

아! 조국과 민족의 발전을 위해 이 한 몸 희생했건만···,

쑥쑥

발—전

광 콩

너를 위해 이기적이고 얄팍하게 살았지. 언제 조국과 민족을 위해 희생했다는 것이냐?

불쑥

뽕

···

삼장법사님~ 왜 이러세요? 저 심각하거든요!

일단 합장부터~

오공아~ 사회 시스템이 너를 지켜줄 거라는 우매한 착각에 빠지지 마라.

피휼 100% 지원! 의료 100% 지원! 사회 의식주 100% 지원!

I'm so HAPPY!

와! 천국이다!

아이와 자주 놀아주고 이해해주며,

오빠 패스!

아내를 배려하고 사랑해주고,

쪽

욕심을 버리고 행복과 나눔을 실천하거라.

베풂

그렇게 살아간다면 그 마음들은

꾸준히~ 인내심을 가지고~

사뿐

외부에서 어떠한 불행이 밀려와도 모두를 지켜 주는 든든한 보호막이 될 것이다.

일보다 소중한 것

아이가 어릴 때 우리 부부는 아이를 남부럽지 않게
먹이고, 입히고, 누릴 수 있게 해주려 노력했다.
'이게 다 아이를 위해서다'
이렇게 생각하고 일만 열심히 하면 다 되는 줄 알았다.
하지만 이제 좀 여유가 생겨 놀아줘야지 했을 때
이미 다 커버린 아이는 또래끼리만 놀고
부모와의 시간을 달가워하지 않았다.

아이는 그 시기에 맞게 놀아주며 행복을 같이 나누어야 한다.
지나가 버리면 다시는 누릴 수 없고,
지나가 버리면 메꾸기가 쉽지 않은 것이 아이와 함께하는 시간이다.

혁, 기름 값도 올랐고…

식비도 올랐고…

옷 가격도 올랐고…

안 오른 게 없네.

신문, TV, 인터넷에서는 부정적인 경제전망.

부정적 전망

에휴

안 좋네

기분 나쁜 뉴스

고통받는 이들에게 방편을 알려주마.

제발 부탁드립니다. 어떻게 해야만 어려운 시기를 극복할 수 있을까요?

대중교통을 이용하고, 경차나 오래 사용한 차들은 혜택을 주며(스님 생각)

요요금 생각

이 정도는 되야지.

체면 격식 우리 같은 사람에 걸맞은 차

그런데 난 저런 삶이 좋은데.

음식 아낄 줄 알아야 하고(스님 생각)

이런~

돈 내고 먹는데 어때!

파리천국

음식물쓰레기

알뜰 쇼핑을 해야 한다(스님 생각)

휴대폰은 최신식으로~

명품은 나의 품위를 더 높이지.

옷들이 너무 예뻐! 다 살래!

저 정도는 기본 아니겠어.

이렇게 아끼고 절약하고 근검하게 삶을 산다면 슬기롭게 극복할 수 있다.

업장 지금 살아 있는 성격 및 습관

극복

저 그렇게 살기 싫어요.

애 애앵

지하자원고갈

애애앵 문제

쓰레기문제

애 애앵

자연파괴

아~ 시끄러 머리 깨지겠다.

업장

빠~앙

비~ 애

이제는 선택해야 해. 자원은 한정되어 있고 고갈되어 간다.

니들이 모르나 보데 어디에서 펑하고 석유, 철광석이 나오는게 아니야!

하지만 경제도 돌아가고, 재화 창출도 해야 되지 않습니까. 그냥 다 손 놓고 있을 순 없지 않습니까?

너의 말도 이치에 맞구나~

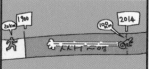

속도의 문제다. 20세기 이전의 인류가 시속 20km 속도로 달렸다면 지금의 인류는 시속 100km의 속도로 달리고 있는 것이다.

20km 1900

100km 2014

이렇게 정신없이 달리면 행복해질 줄 알았느냐? 무엇이든 적정선이 있다. 그 선을 넘으면 탈이 나고 문제가 발생되는 것을 왜 모르느냐?

으악 GET!!

적정선

유한자원 무한욕심

인간은 의식주가 해결되면 뭔가 다른 것을 찾는다.
더 좋고, 더 빠르고, 더 편리하고,
더 멋진 것을 가지려 무한한 욕심을 부린다.
그러나 인간의 욕심을 다 채울 만한 자원이 지구에는 없다.

욕심의 극치는 우주에서 지구를 대신할 다른 행성을 찾아 이주하거나
그곳의 자원들을 가지고 오는 기술을 개발한다는 것이다.
우주라고 인간의 소비를 위해 무한히 자신의 몸을 내어줄까?
정말 이기적이고, 후안무치한 발상이 아닌가!

257

생각을 바꾸어야 한다.
우리는 지금부터라도 지구 자원의 임계점을 넘지 않고
발전할 수 있는 길을 찾아야 한다.
그 길은 욕심을 줄이는 데에서 시작된다.

내가 좋다고 남에게 강요하지 마라

친척 어른 중에 자신의 생각을 아랫사람에게 강요하시는 분이 있다.
그분의 가치관은 그분이 살아온 시대와 상황에 맞추어져 있다.
하지만 나는 다른 상황과 현실을 겪었으며,
가치관도 그분과는 다르다.
그런데 그분은 나의 생각을 무시한다.
정치, 교육, 문화, 종교 등 자신이 살아온 경로에서 보고 들은 것만 옳다.

'이 우주에서 우리는 각자가 다 주인공이에요.
더 이상 어르신의 생각을 저에게 강요하지 마세요!'
그분의 말씀을 들으며 난 속으로 이렇게 외친다.
마치 사춘기 아들이 나에게 외치는 것처럼.

259

절제할 수 있는 사람

젊고 아름다운데에다 엄청난 재력까지 겸비한 여인이
부처님을 찾아왔다. 드문 경우를 접한 부처님이
"보통 여인 같으면 자신의 재력만 믿고 쾌락에 젖어 살 텐데
이렇게 법을 듣기 위해서 온 것을 보니 기특하구나."
라고 말씀하시자, 여인은
"부처님 말씀에 아무리 아름다운 외모도 늙어 쪼그라지며,
아무리 많은 재물도 나를 만족시킬 수 없다고 하시기에,
그렇다면 진정한 보배는 무엇인지 알고 싶어 왔습니다."
라고 말했다.
이에 부처님이 말씀하셨다.
"불법을 지키고 수행하며 공덕을 쌓아라.
그것이 보배가 되어 무엇인가에 의지하고,
그것이 좌지우지 되는 불행한 삶에서 너를 구해주며
영원히 너를 보호해줄 것이다."

261

그깟 피라미 새끼 하나 구해봐야 뭐합니까?

산속에 널린 게 덫인데 그거 하나 치워봐야 뭐하나요?

다 부질 없는짓...

오잉?

어! 거미네~ 확 밟아버려.

아냐!

생명을 함부로 죽이면 안 되지.

ㅋㅋㅋ

그날 오후는 고요하고 평화로웠다.

음... 졸려, 낮잠이나 자자.

헉! 여기가 어디냐? 지옥이닷, 으아악!

네 이놈! 조용히 하거라!

옥황상제

하나

부처님은 제자들과 함께 모여 수행하며 살았다.
어느 날 한 수행자가 심한 병에 걸렸다.
그는 참선 중인 사람들에게 피해를 줄까봐
입을 막고 식은땀을 흘리며 고통스러워했다.
다들 자신들의 수행에 정신이 팔려
그런 그를 알아보지 못했다.
그때 부처님은 제자가 아픈 것을 보시고
직접 약을 구해서 먹이고, 목욕을 시키고,
음식을 먹이면서 돌보셨다.
그렇게 하여 제자의 병이 낫자
나머지 제자들을 모이게 해서 이렇게 말씀하셨다.
"몸이 아플 때 주위에서 돌봐주지 않는다면
아무도 우리를 돌봐주지 않는다.
서로가 서로를 돌봐주어야 한다."

세상은 얽히고설킨 관계로 이루어져 있다.
나만 괜찮으면 된다는 생각으로 고통받는 사람들을 외면한다면
자신이 고통스러울 때
그 누구에게서도 도움을 받지 못한다는 것을 알아야 한다.

*비상비비상처정 : 생각이 있는 것도, 없는 것도 아닌 경지의 하나. 명확한 상도 없지만(非想) 미혹의 어리석은 상은 있는(非非想) 상태로 부처님께서 출가 후 두 번째 스승인 웃다까 라마뿟다에게 배웠으나 수행을 하지 않을 때는 평상시의 마음으로 돌아가 고뇌가 여전히 존재한다는 한계를 알고 더 큰 깨달음을 찾아 떠났다.

전체를 보라

부처님은 부분을 보는 것을 경계하라고 하셨다.
내가 본 것이 다가 아닐 수 있고
내가 아는 것이 전부가 아닐 수도 있다.
부처님이 되기 전, 스승을 찾아다녔다.
어떤 스승은 온갖 끔찍한 고통을 당하다가 죽으면
하늘나라에 태어나 행복하게 살 수 있다는 사상을 펼쳤고
또, 어떤 스승은 *비상비비상처정(非想非非想處定)이라는 경지에 오르면
무념무상을 느끼며 행복하게 살 수 있다는 사상을 펼쳤다

그 외에도 여러 가지 사상들이 인도 전역에서 피어나고 있었다.
부처님은 여러 스승과 많은 현인의 이야기를 듣고
그들이 부분만을 말한다는 것을 깨달았다.
그리하여 스승 없이 홀로 정진하여 전체를 볼 수 있는 시선을 득하셨다.

후루루룩

음~~미

후루루룩

음~미

참~ 음식을 맛나게 먹는구나.

깨-끗

내가 다 배불러.

먹는 순간 온몸의 모든 세포를 내 입속에 집중시키지~ 하하하!

쫄깃한 면발과 구수한 국물을 하나하나 인식하고 먹으면~

참맛이 느껴지고 행복해진다.

그래!

무엇이든 몰입하고 집중하면서 살면 행복이 다가온다.

그러나 도박이나 마약류는 몰입해서는 안돼!

상식적인 것에 몰입하라는 뜻.

정답!

요즘 동시에 여러 가지 일을 하면서 능률도 올릴 수 있다고 하는데.

빙그르

P.C

식사

T.V시청

그건 어불성설이야! 한마디로 능률과 빨리빨리가 만들어낸 허상일 뿐이지.

느릿초급

황당하네, 내가 왜 저 녀석 눈치를 봐야하지?!

물론 몇몇 사람은 만족할 수도 있지. 세상에 완벽은 없으니깐. 하지만 무엇이든 한 가지에 몰입해서 집중하지 않는다면 진짜 느낌을 느낄 수는 없다.

진정한 몰입

요즘 사람들은 집중하고 몰입하기가 쉽지 않다고 한다.
컴퓨터, 스마트폰, 태블릿 등을 통해 쏟아지는 정보들 때문이다.
물론 정보를 모든 인류가 맘껏 공유하고 활용하는 것은 반가운 일이다.
그러나 한편으로는 이런 정보에서 소외되면
곧바로 불안, 초조해지고,
심하면 강박에 이르기까지도 한다.
담배나 술처럼, 이제는 정보가 전형적인 중독 증세를 일으키는
하나의 요소가 된 것이다.
너무 많은 정보, 너무나 많은 생각들로 산만해져
진정한 몰입의 기쁨을 느끼지 못하는 사람들이 늘어나고 있어 안타깝다.

269

가족이란 내가 가장 소중히 여기는 사람들!

행복가득 우리가족

사랑이 넘치는 가족

그러나 가끔~ 어쩌다 나를 분노하게 한다.

왜들 그래! 나를 뜯어먹지 못해 난리냐구!

길동이 애비는 해외여행 갔다와서 얼굴이 확 폈더라구. 에고~ 언제쯤 난 그런 여행 다녀오냐?

얼마전에 다녀 오셨잖아요. 왜 그러세요?!

형님만 잘살면 다요? 동생은 죽으라는 거지요? 형대판 놀부가 여기 있군!

일주일 전에 돈 가져갔잖아! 넌 양심도 없냐!

당신 가족들 다 지겨워. 마음 좀 풀게 여행갔다 올 테니, 알아서 해! 사는 게 아주 지옥이야!

제 정신이 아니군. 애들은 어쩌라구?

아빠! 너무해! 딴 친구는 전부 스마트폰 이야! 난 뭐냐구!

이거 보고도 그런 말이 나와?!

아이가 말을 듣지 않네요~

구식 휴대폰

아이폰과 싸움

동의 화생활 예는 필독서

선생님께 반항 / 하생태도 볼 량

오공아, 이것이 우리 가족의 현상황이다! 흑흑.

상황은 우리 가족들과 똑같군. 그런데 대하는 사람의 태도가 다르네~

길동이 애비는 해외여행 갔다왔다고 얼굴이 확 폈더라구. 에고~ 난 언제쯤 그런 여행 다녀오냐?

네~ 알겠어요. 죄송합니다. 여건이 되면 보내드릴게요.

형님만 잘살면 다요! 동생은 죽으라는 거지요? 형대판 놀부가 따로 없수~ 돈 좀 빌려줘요.

놀부라고? 하하. 여건이 되는 날이 오면 해줄게.

돈

당신 가족들 다 찡글찡글해. 친구들이랑 마음 좀 풀게 여행갔다 올 테니, 알아서 해! 이놈의 집구석에 사는 게 지옥이야!

당신 마음 충분히 이해해. 같이 조금만 견디자구.

아빠! 너무해! 친구는 스마트폰인데 난 이게 뭐냐구!

사랑한다, 우리 아들. 여건이 되면 사줄게.

아이가 말을 듣지 않네요~

구식 휴대폰

동의 화생활 예는 필독서

선생님께 아이폰과 싸움

이와 같이 말도 안 되는 요구로 나를 괴롭히는 가족이 만일 있다면, 가장 좋은 방법은 화내지 않고 밝은 마음과 태도를 보이고 확실한 신념을 가지는 거야.

그렇구나.

행복한 가족 만들기

우리는 자신이 원하는 부모 밑에서 태어났는가?
우리는 자신이 원하는 배우자를 얻었는가?
우리는 자신이 원하는 자식을 낳았는가?
눈 떠 보니 어떤 부모의 자식이 되어 있었다.
우리는 그들에게 태어나게 해달라고 한 적이 없다.
배우자는 어떤가?
남편이, 아내가 반드시 그이거나 그녀여야만 하는 걸까?
자식도 마찬가지다.
내 자식이 내가 바라던 그대로 자라주지는 않는다.
야박하지만 이렇게 모인 집단이 가족이다.
떼려 해야 뗄 수 없는 사이지만
자신의 의지대로 선택할 수도,
만들어갈 수도 없는 것이 가족이기에
더 많은 수양과 지혜가 필요하다.

271

어떤 곤란하고 큰일이 생겼을 때 생각을 많이 하거나 우왕좌왕 허둥지둥한다면 자신의 감정, 체력 소모만 시킬 뿐 아무 소용이 없다.

가장 단순하게 생각하고 단순하게 움직여라. 그것이 가장 좋은 방법이다.

우왕좌왕하지 마라

이 글에는 두 가지 의미가 있다.
첫 번째는 만화 속의 의미이고
두 번째 의미는 살다보면 충격적이고 고통스런 일이 생길 때가 있다는 것이다.
너무나 소중히 여기고 아끼던 사람과의 헤어짐,
배신이라든지, 소중히 아끼고 간직하던 물건이 파괴되거나 잃어 버린다든지,
사상이나 믿음 등 형이상학적인 것에 믿음이 사라질 때
이런 고통스런 상황이 생기면 마음을 요동치게 하지 말고
내가 어찌 할 수 없는 그런 상황이 되면
그 상황을 따르는 것이 어쩌면 가장 제대로 된 도가 아닐까?
물 흐르는 대로 마음을 탁 놓아버리는 길이 복된 길이 될 수 있다.

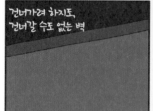

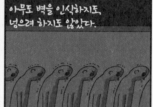

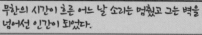

벽

선승들의 이야기 중에 '백척간두 진일보'라는 말이 있다.
그 뜻은 자신이 알고 있는 것을 넘어서기 위해서
백 척이나 되는 높은 장대 위에서 한걸음 더 나아가란 말이다.
그럼 어떻게 되는가?
죽을 수도 있을 것이다.
백 척이나 되는 그런 장대 위에서
한걸음 앞으로 나아간다는 것은 보통 어려운 일이 아니다.
정말 죽을 각오를 하고 용기와 배짱을 지녀야 가능하다.

절대적인 권위나 굳어버린 사고의 틀을 깨려면
아기 새가 부리가 깨지는 아픔을 참으며 알껍데기를 뚫어야 하듯
죽을 만큼 고통스럽게 자신부터 태워야 한다.
그리고 나서야 우리는 더 나은 세상을 만들 수 있다.

화창한 봄날 산에 갔다.

만물이 소생하고 있었다.

산 아래를 내려다보니 산등성이의 집들이 평화롭다.

세상이 자그마한 마을이라면 얼마나 아름다울까?

정신없이 복잡한 도시를 벗어나니 기분이 좋아져서~

정상을 향해 걸었다.

나무 숲길을 지나고~

암벽을 타고 계속 올라가니 찌든 마음속의 때들이 사라진다.

힘들었지만 조금만 더~

다 왔다.

드디어 정상에 도착했다.

아… 순간 큰 깨달음을 얻었다. 정상에서 본 서울, 인천, 수원, 분당은 마치 아래에서 본 자그마한 마을처럼 보였다.

내가 어느 위치에서 보느냐에 따라 회색빛 도시가 작은 마을처럼 보인다.

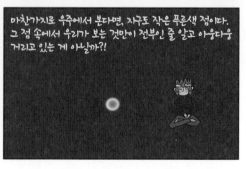

마찬가지로 우주에서 본다면, 지구도 작은 푸른색 점이다. 그 점 속에서 우리가 보는 것만이 전부인 줄 알고 아웅다웅 거리고 있는 게 아닐까?!

작은 마을

따스한 봄날, 집 근처 산에 올라가는 길에
사찰 대웅전에서 내려다보니
산등성이에 전원주택들이 낮잠 자는 고양이처럼
편안히 터를 잡고 있었다.
도시의 복잡함도 없고,
그렇다고 깊은 산속에 홀로 있는 집도 아닌,
산의 아늑함과 푸르름을 가득 머금은 집들은
보기 좋았다.

277

한참 산을 더 올라 정상에 다다랐다.
이마에 흐르는 땀을 닦고,
산 정상에서 본 도시의 모습은
아래에서 본 작은 마을과 다르지 않았다.

내가 시점을, 관점을 어디다 두느냐에 따라
세상은 먼지 나고 복잡하고 정신없는 곳일 수도 있고,
깨끗하고 기분이 좋아지는 곳일 수도 있다.

오해

여행을 하다 별장 같은 멋진 집에서 나오는 불빛에 마음을 빼앗긴 적이 있다. 포근한 느낌 때문이었을까? 나는 그런 집에서라면 온 가족이 모여 맛있는 식사를 하며 오손도손 이야기꽃을 피울 거라고 생각했다.

또 다른 여행길. 부서져 내리는 슬레이트 지붕의 낡은 집 불빛을 보고는 마음이 착 가라앉았다. 딱 봐도 저렇게 허름한 집에서라면 온 가족이 힘겨워하며 내일의 삶을 걱정할 거라고 생각했다.

이것은 편협하고 옹졸한 상상이 빚은 오해다.
똑같은 불빛인데 보고 싶은 것만 보았다.
별장 같은 멋진 집에서 부부싸움을 할 수도,
아이들은 울고 있을 수도 있고,
가난한 집에서 오히려 오손도손 이야기꽃이 필 수도 있다.

미천한 경험, 통계에 대한 과신, 유연하지 못한 사고…… 마음에 새겨 놓은 그런 생각들이 오해를 낳고, 그 오해가 타인의 삶을 재단한다.

악을 보면 참지 못하는 정의의 사나이

결과

불쌍하고 안타까운 상황을 보면 참지 못하는 정의의 사나이.

결과

정치, 경제, 사회를 망치는 부조리를 보면 참지 못하는 정의의 사나이.

결과

하지만 능력을 벗어난 정의 실현에 만신창이가 되었다.

팔계야, 네가 생각하는 정의로운 행동은 과욕이야. 자신이 먼저 무너지면 무슨 소용이 있느냐?

악이 가지고 있는 힘보다 더 큰 힘을 가져야 한다.

정의를 말로만, 힘으로만 실천하기는 쉽지 않다.

정의를 뒷받침할 수 있는 힘과 하나되었을 때 좀더 쉽게 정의를 실현할 수 있다.

그러므로 우리 모두는 정의가 잘 굴러갈 수 있는 힘을 하나로 모으자!

정의와 힘

아무리 경제적으로 어렵고 힘든 집이라도
가족 모두가 힘을 합쳐서 열심히 사는 집을 보면
생기가 느껴지고 무서울 게 없어 보인다.
여럿이 뭉칠 때는 규모에 상관없이
함부로 할 수 없는 에너지를 느끼는 것이다.
권력 또한 마찬가지다.
아무리 무소불위의 권력이라도 정의롭지 못하면
국민 한 사람 한 사람이 뭉쳐서 만들어낼
강력한 힘을 두려워하기 마련이다.

그 어느 때보다 국민의 힘이 막강해진 오늘날,
우리는 이 힘을 적재적소에 써야 할 권리와 의무가 있다.

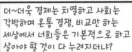

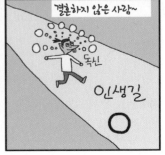

두 가지 인생길

시대가 많이 변해서
사는 방식이 다양해진 지금도
우리나라에서는 결혼하지 않은 사람들에게
결혼을 강요하는 것이 다반사이다.
물론, 결혼하여 가정을 이루고
행복하게 사는 것은
참으로 소중하고 아름다운 일이다.
하지만 이 세상 사람들이 다 같은 방식으로 살기를,
나와 똑같은 삶을 살기를 강요하는 것은 옳지 않다.

결혼해서 가족과 함께 걸어도,
결혼하지 않고 혼자 걸어도,
가야 하는 길은 어차피 인생이다.

음~ 목이 마르다, 어제 마셨던 물이 어디 있지?

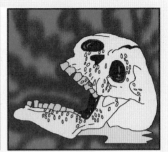

우엑 우엑

한참 토하고 정신을 차리니

맞아!

번쩍

변한 것은 아무것도 없어, 어제 새벽의 물은 오늘 아침의 물이다.

내 자신이 시원하다고 느끼며 마셨을 때는 맑고 깨끗한 물

꿀꺽

꿀꺽

내가 구더기가 우글거리는 더러운 물이라고 느꼈을 때는 해골물.

왜~ 그리 놀라나

어느 것에 내 마음이 사로잡혀 있느냐에 따라~

넌 포로다!

깨끗하다

더럽다

천하제일의 맑고 깨끗한 물도

더럽고 지저분한 물도 될 수 있다.

그러니 세상 모든 것은 내 마음이 결정한다.

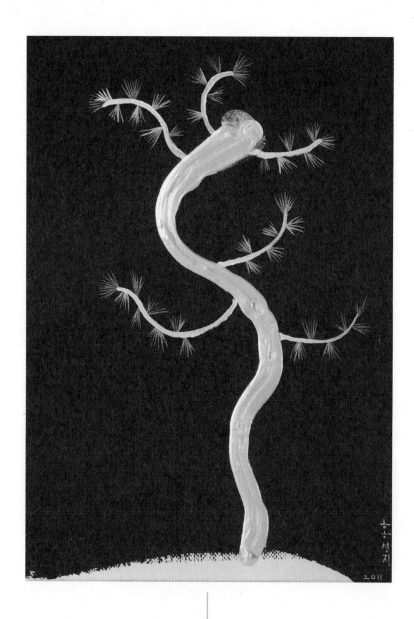

There is nothing in the dark ⓒ홍성지

일체유심조

새벽 두 시에서 세 시쯤 악몽에 놀라 벌떡 일어나면
심장이 꽉 쪼이는 듯 아프고 터질 듯 두근거린다.
왜 이럴까?
생각해보니 누군가를 원망하는 마음이
낮에는 겨우겨우 버티고 있다가
잠이 들면 무의식 세계에서 확 불타오르는 것이 아닐까?
모든 것이 인식이요, 마음 안에서 생기는 것을
어디다가 해결책을 물어보겠는가?
내가 원망하는 마음을 버릴 수밖에…….
그래서 매일 밤 나는 기도한다.
'원망하는 마음을 버리겠습니다'
'부처님의 마음을 내겠습니다'

오랜만에 만나니 기분이 좋다.

엉!

그러게~

저 여자는 내 친구의···.

이럴 수가 친구가 불쌍해.

그냥 못 본 척해.

콰광

말해 줄수도 없구

아무도 모르게 가져왔지.

사장님께 걱정 마시라고 전해~

네

누군 생고생해서 돈 벌고 누군 비리 한 방에 수억을 꿀꺽!

정의

이것들이 어디서!

힘

정의

이럴 수가, 정의가 무너지는데 나머지 사람들은 뭐 하고 있어.

이 나쁜 X들아

매일매일 분노하고, 억울해 하며 살다보니 병이 생겼네~

윤리, 도덕, 정의도 중요하지만 내 건강도 챙겨야 했어.

내가 흥분하고 욱하며 격분하다 결국 내 몸만 혹사시켰지.

아이구 분해!

이걸 파악

맞써 죽자

또 나빴는데 해?

내가 현명했더라면 미칠듯한 분노를 차분히 가라앉히고 행동했으리라.

분노

안정

어떤 일이든 꾹줌이 화 안 내면서, 되든 안되든 내 힘을 다해 하는 것이 가장 중요한 마음 다스림임을 깨달자.

성공

실패

화

마음 다스림

한걸음 한걸음

차분히

선한 자의 마음 다스리기

도시 생활에 지친 어떤 분이 도시를 떠나 산속에 들어갔다.
그는 유기농 재배로 키운 야채로 채식을 하며
심산유곡에서 맑은 공기를 마시며 살았다.
그런데 몇 년 후 큰 병에 걸려 목숨이 경각에 달았다.
도시 속에서 별다른 절제없이 살아가는 그 나이 때 사람보다
그의 건강은 훨씬 더 나빠져 있었다.
왜 이런 일이 생긴 걸까?
이유를 살펴본 결과, 환경을 지키며 자연 속에서
행복을 찾아야 한다는 확고한 신념을 가졌던 그는
사람들이 자연을 파괴하거나 동물을 학대하는 걸 보면
분함을 느끼고, 화내고, 가슴 아파했다고 한다.
너무 확고한 가치관이 오히려 부작용을 낳은 것이다.

자신의 힘으로 어찌할 수 없는 일에 분노하는 것은
결국 자신에게 독이 될 뿐이다.
그저 나만이라도 바르게 살자는 마음으로 바르게 살 뿐이다.

말로 지친 마음

차 없는 날, 물건 안 사는 날처럼
침묵하는 날을 정해서 실천해 봄은 어떨까?
인도의 성자 간디는 묵언과 단식을 생활화했다고 한다.
그렇게 해서 정신과 몸을 정화시켰다고 한다.
인간과 인간의 관계에서 가장 중요하고 어려운 것이 말이다.
일주일에 하루쯤이라도 묵언하고 지냄으로써
내 안의 불필요한 말들을 잊고
마음을 깨끗이 비우는 것도 좋은 수양이 될 것이다.

돈

대한민국에서 남자. 즉, 가장이 돈을 못 벌면 아무리 다른 것을 다 잘해도 소용이 없다는
것은 이제 한물간 이야기가 되어가고 있다. 여성들도 사회 진출이 많아지고 인권도 크게
향상되면서 가정을 이끄는 경우가 많아졌고, 가장의 책임을 떠맡기도 한다.
반대로 남성이 전업주부처럼 부인을 내조하고 아이를 키우며 가정을 행복하게 꾸려가기도
한다. 이렇게 가정에서 성역할이 사라지고 있는 것은 환영할 만한 일이다. 다만 이런 변화
를 주도하는 것들 중에 돈이 최고라는 천박한 가치관이 끼어 있어 안타깝다.

내 자식

대부분의 사람들이 그런 것처럼 나도 내 자식만은 안 그럴 것이라고 생각했다.
언제나 부모 말을 잘 듣고, 성실하게 자신의 위치를 지키며
건강한 몸과 마음으로 살 줄 알았다.
하지만 이런 생각들이 하나하나씩 무너질 때의 비참함은
무엇과도 비교할 수 없었다.
자꾸만 내가 뭘 잘못했나 싶어 자책하다가
자식을 냉정히 바라보고,
나 자신에 대해서도 좀 더 객관적인 눈으로 살펴보니
많은 문제점이 보이기 시작했다.

이제는 엉클어진 실타래를 하나하나 풀어내기만 하면 된다.
그러나 여전히 나는 자식 문제에 있어서만큼은 걱정이 앞선다.
"아, 내 자식……!"
부처님도 자식 걱정을 했다고 하니
성인들조차 벗어날 수 없는 것이 자식 걱정인 것 같다.

아휴, 지겨워.

에이, 짜증 나.

아주 징글징글해.

궁시렁 궁시렁
이런 또 왜이래

무엇이든 불평불만 이신데, 왜 그러세요?

니들 때문에 속이 터져서 그래!

짜증 난 말투와 자기 통제를 못 하는 말을 자제해라.

이럴게라도 해야지 내가 살 것 같다구.

아이의 언어습관 중에는 유쾌한 매체에서 배우는 것이 많은데 부모조차도 함부로 말한다면,

지금 쓰는 말로 나중에 크게 후회할 걸, 그때가서 후회하지 말고 미리미리 고쳐.

헛소리 하고 있네.

어느날
넌 왜 그 모양이냐!
또…, 또 시작이다.

아휴 지겨워! 그런 말 듣기 짜증 나, 에이 XX!

어디서 많이 듣던 말!

자신의 입에서 나오는 말을 정화시켜서 쓰지 않는다면, 자신과 주위 사람에게 해를 끼친다.

부메랑

절제하며 말하기

막말을 하는 사람,
생각없이 말하는 사람,
해서는 안 되는 말을 하는 사람을 보면
스스로 지은 업이 부메랑이 되어
화로 되돌아갈 때가 염려되곤 한다.
혀라는 것은 뼈가 없어
자기 마음대로 움직이니 특히 조심해야 한다.

297

자신이 지은 업들이 씨앗으로 심어져 있더라도
더 이상 자라지 않도록 복을 짓는다면
더 이상의 화는 입지 않을 수 있다.
그러니 말만큼이라도 거르고 절제해서
업이 아닌 복을 짓는 데 써야 한다.

공중도덕을 지키지
못해 미안한데,

내가 강도짓을 했어. 노상에서 칼을
휘둘렀어. 누굴 죽이기라도 했어!

지금껏 벌도 안 받고 잘 살고
있잖아.

그럼 별 거 아니란 거잖아. 난 큰
잘못한 적은 없고, 아주 사소한 별일
아닌, 잘못이라고 하기엔 너무나도
사소한 잘못을 한 거라고!

천만에, 넌 그냥 잘못한 거고,
그 벌을 받고 있어!

네가 한 짓은 너의 양심 CCTV에 다
찍혀 있고, 기록되고 있다.

그렇기에 dog나 cow만도 못하다는 걸
느끼는 벌을 받고 있는 거야. 그리고 그런
사소한 것들이 모이고 모이다 보면 더 큰
잘못을 저지르게 되지.

인간의 기본 도리를 지키는 삶이 인간의
참모습이다. 그것을 지키지 못하거나
사회가 방관할 때, 난 몰라. 알아서
해.난 돈만 벌면 돼. 도덕은 몰라!

인간의 탈을 쓴 괴물들이 활보하는
세상이 된다.

사람의 도리

우라 사회에서 터지는 큰 사건 사고를 보면
모두가 사소한 것으로부터 시작된다.
담뱃재 하나가 산을 불태우고, 잠깐 졸다가 사고가 나고
'이 정도 마시면 괜찮겠지' 하며 음주운전을 하다가 사고가 난다.
아주 작은 인간의 도리를 지키지 못해서 생긴 사건 사고가 수두룩하다.
양심을 지키며 사는 것이 잠시 불편하고 힘들지는 모르지만
영원한 편안함을 준다는 것을
나쁜 일이 터지기 전에 깨닫는다면
피눈물 흘리는 고통의 순간들을 막을 수 있을 것이다.

299

으아! 미칠 것 같다!

몇십 년 동안 돈을 모아서 투자했는데 반이나 날렸어.

안 먹고, 안 입고, 열심히 모은 돈인데 이런 가혹한 일이 생기다니!

그나마 그렇게 했으니 반이라도 건진 거야! 한마디로 복 받은 거지.

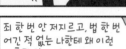

다 날릴 뻔한 걸 반이나 건졌잖아!

으~아 돌아 버릴 것 같다!

불법 유턴하는 차에 사고를 당해 병원을 다니고 있어. 일도 못 하고 이게 뭐냐?

죄 한 번 안 저지르고, 법 한 번 어긴 적 없는 나한테 왜 이런 가혹한 일이 생기지?

그나마 그렇게 했으니 조금 다친 거야! 한마디로 복 받은 거지.

더 다칠 수도 있었어!

으아! 환장할 것 같다!

남편은 몇 년째 돈 한 푼 못 벌어 오고 나만 죽으라고 일만 하고 있어!

봉사활동도 열심히 하고 남도 도우면서 선하게 살았는데 이런 가혹한 일을 당하고 살다니….

그나마 그렇게 했으니 너라도 버는 거야! 한마디로 복 받은 거지.

둘 다 백수 되고 싶냐?

무조건 복 받았다고 하면 다야!

이게 누굴 놀려

지금 말장난 하냐

칫

좋은 행위를 받은 불행과 비교해서 억울해 하지 말고, 이 불행을 그 정도로 막아준 복으로 생각한다면 훨씬 마음 편히 앞날을 헤쳐나갈 수 있다.

그나마 그렇게 했으니

우리 주위에서 화를 당한 사람을 보면
대부분 남이나 자신을 탓하고 원망하며 괴로워한다.
그렇게 분노하면 건강 망쳐, 시간 날아가, 자신만 손해를 본다.
그런 것을 인식하신 부처님은 관점을 달리하라고 하셨다.
중생의 관점으로 본다면 화를 당한 것이나
부처님의 관점에서 본다면 이렇다.
"반이라도 건졌으니 복이라고 생각해라."
"죽지 않았으니 복이라고 생각해라."

생각의 관점을 부처님처럼 둔다면 지혜롭고 행복하게 살 수 있다.

사람들은 말한다.

돈, 훌륭한 자식, 명예가 있어야 한다고

그러나 부부의 사랑만 있으면 모든 게 전부 다 이루어진다.

결혼

자신은 '결혼이 아닌 신혼만 20년이 되어간다'는
어떤 이는 아내를 보면 아직도 설레고 두근거리며
짜릿한 감정이 샘솟는다고 한다.
그것은 결혼한 지 2~3년만 지나도
사랑보다는 정으로 산다는 대부분의 부부와 차이가 있다.
이 부부는 결혼 당시 부모의 반대도 있었고
결혼 후에는 양가에서 주는 스트레스도 많이 받았다.
그러는 가운데 싸움도 하고, 긴장도 하고,
의지하기도 하고, 안쓰러워하기도 하면서 살아왔다.

이 부부는 살면서 딱 하나만 생각한다고 한다.
"둘만 행복하면 된다!"

307

부부의 행복에는 필요한 것이 많다.
양가의 도움, 든든한 직장, 훌륭한 자식 등…….
그러나 따지고 보면 모두 곁가지일 수도 있다.
있으면 좋고 없어도 그리 문제 될 건 없다는 얘기다.
여러 가지 조건이 붙는 순간 결혼은 손익계산서를 두드리는 장사가 된다.
서로 남는 장사가 안 되면 갈라서는 거래인 것이다.

진정한 결혼의 조건은 단 하나,
'둘만 행복하면 된다'이다.

도저히 못 참겠다! 눈 부셔서~

모두 다 없애버릴 테다!

내 맘에 쏘~옥 들어~

앗! 태양이 있었지.

너두 없애 주마!

어디 니가 이기나 내가 이기나 한 번 해보자!

왜 그렇게 어렵게 사냐?
우리에게는 선글라스가 있잖아~♬

맞아! 태양을 막아주는 선글라스. 괜히 고생했네~♬

세상이 눈부시다고 태양을 없애지 말고, 선글라스를 쓰면 되듯이, 세상을 바꾸려면 내 자신이 바뀌면 된다.

내가 바뀌면 세상도 바뀐다

하루하루가 문제의 연속이다.
이것이 해결되었다 싶으면 저 문제가,
저 문제가 해결되었다 싶으면 또 다른 문제가 생긴다.
그것을 전부 해결하는 것은
떠오르는 태양을 꺼버리는 것보다 힘들지도 모른다.

산다는 것이 문제의 연속이라면 네가 문제를 삼지 않으면 되고,
도저히 문제가 되어서 견딜 수 없다면 수행 삼아 살자.
그것을 풀려고 노력하는 자체가 마음을 성숙하게 하는 계기가 된다.
그렇게 수행하고 명상하며 마음을 닦자.

각자가 이렇게 수행한다면 문제투성이 세상이 바뀌어 있을 것이다.

305

신난다! 얼시구 절씨구

우리는 영원한 친구!

그러던 어느 날

술 마시고 도박하고 사고 치고 이제 그만하자.

야! 술 마시러 가자. 화투판이 벌어졌어! 다음에 하자.

너 지금 공부하냐?! 그깟 공부는 뭐하려 하냐! 빨리 나와!

음….

다음날

의리없는 놈. 그렇다고 사라지냐….

잘 지내라 나는 공부 하련다. -손오공

세월이 흐른 어느 날,

어흠!

경사났네 우리 오공이가 사또가 되었네!

손오공 집

오공아! 드뎌 해냈구나!

추카! 추카!

이놈을 당장 잡아 가두고 쳐, 자식도 모두 잡아 가두어라!

왜…, 왜 이러는 거야? 너 이거 몰래카메라지?

예—이

니놈이랑 안 놀고 공부했으면 지금쯤 정승이 되었을 텐데.

니놈이랑 어울리다 보니 사또밖에 되지 못했다. 철천지원수 놈아!

엉엉, 제발 처자식만이라도 살려다오!

어림없다! 내일 모두 다 세상 하직시켜 주마!

오로롱

친구한테 이럴 수는 없다! 천하에 몹쓸 놈!

307

Get away from it all©홍성지

벗이 인생을 좌우한다

부처님께서는 자신에게 해악을 끼치는 친구는 멀리하라고 하셨다. 어떻게 친구 사이에 의리가 있지 그럴 수 있느냐고 반문할 수 있다. 그러나 부처님은 자신의 수행을 위해, 더 큰 꿈을 이루기 위해 과감히 버리고 나아가라 하셨다. 또한, 자신보다 뛰어난 친구가 없다면 혼자서 나아가라고까지 하셨다. 여기에 친구의 중요성을 단번에 알 수 있는 일화가 있다.

부처님의 제자인 아난다가 여쭈었다.
"좋은 친구와 사귀며 함께 정진한다면 깨달음을 절반은 성취한 것이지요?"
부처님이 말씀하셨다.

"아니다. 좋은 친구와 정진한다면 전부를 이룬 것이다."
친구가 얼마나 중요한 인생의 동반자인가를 생각하게 하는 대목이다.

불교에서는 친구뿐 아니라 자신이 나아가는 길을 막아서고 집착하게 하는 것은 그 무엇이든지 과감히 버리라고 한다. 모두에게서 떠나야 모두에게로 돌아올 수 있기 때문이다.
부처님 역시 부모, 아내, 자식, 친족, 친구 등 모두에게서 떠났다. 그리고 모두에게로 돌아오셨다. 부처님은 성도하신 후 다시 돌아와 모두를 자신의 깨달음 속으로 이끄신 것이다.

컵으로 물 받아 사용.

모아서 세탁.

쓰던물 재사용.

세숫대야 사용.

야채위주의 식생활을~

김

나물   된장찌개   김치

두부

수명이 다할 때 까지 사용하기.

응... 그래... 맞아! 그거야~

안 쓰는 전기는 끄고, 코드는 뽑아 놓기.

선풍기   내복

구질구질해서 못 봐주겠네. 너처럼 무조건 아끼는 게 미덕이 아니야. 뭐든 적당히 써줘야 한다고.

응, 그때가 언제였지. 한두 달 전인가?

머지않아 우리 나라도 물 부족 국가가 될 수도 있어요.

나중에 후회하지 말고 물을 아끼자!

물을 아끼자

육식을 하기 위해 키우는 동물을 줄인다면 전세계 식량 수급에 큰 도움이 됩니다! 육식을 줄입시다!

육식을 줄이자

각종 자동차, 전자제품을 수명이 다할 때까지 사용하여 자원 낭비를 줄이고 환경을 보호합시다!

환경보호

우리 주위의 에너지를 아끼고 절약합시다!

후쿠시마

에너지 절약

친환경 에너지

기..., 기억이 나네. 그때는 그랬지.

너뿐만 아니라, 다들 그때 뿐이지~ 바뀐 건 아무것도 없어.

소비사회의 목표는 좋은 삶이 아냐. 그런 삶이 있을 거라는 환상! 그 환상을 우리에게 심어줘서 더 소비를 시키는 것일 뿐.

와~ 행복하다. 영원하겠지~

소비

자원 에너지 식량

영원할 줄 알았는데... 아껴 쓸 걸.

휴봉

좋은 사회는 만족하고 아끼면서 사는 사회야.

있을 때 아끼자.

에너지. 자원. 식량.

둘 중 어느 것을 선택하는가는 우리 모두의 선택에 달렸다.

소비사회

불교에서는 무소유를 실천하고
입고, 먹고, 자신만의 공간을 최소화하며 살라고 가르친다.
하지만 이런 가르침이 현실과는 큰 괴리가 있다.
요즘 누가 이런 삶을 추구하겠는가?
더 좋은 것을 입으려, 먹으려 하며
더 크고 넓은 곳에 살려고 아등바등한다.
이렇게 살지 않으면 경제가, 나아가 사회가 돌아가지 않는다고들 한다.
이런 무한 질주의 삶이 사회를 위한 원동력이라는 것이다.
그러나 무엇이든 지나치면 탈이 나는 법이다.
우리는 사회와 경제를 빠르게 돌리는 도구로 세상에 온 것이 아니다.
삶을 유지하기 위해 적당히 일하고,
나의 존재를 찾아가는 적당한 쉼을 반복해야 한다.
그 중심에 부처님의 가르침이 있다.

끈

학벌이라는 끈, 출신 지역이라는 끈,
가문이라는 끈, 부와 지위라는 끈.
우리는 수많은 끈에 묶여 살고 있다.
이 모든 끈을 풀고 자유롭게 살고 싶다.
내가 원하는 곳에 가고, 원하는 일을 하고 싶다.

끈에 묶여 사는 개는 이렇게 말할지도 모른다.
"왜 그것을 나쁘게 생각하느냐?
끈을 끄는 자가 먹이도 주고
똥도 치워주고 아프면 병원에도 데리고 간다.
이 끈은 탯줄이요 생명줄이다.
너도 꾹 참고 끈에 의지해서 살아라."

그러나 내 안의 나는 이렇게 말한다.
"그건 개의 소리고 나는 사람이 아닌가?"
사람은 끈에 묶여서 살 수는 없는 존재이다.

여러분의 소망은 무엇인가요?

대저택에 최고급 승용차를 가지고 싶어요!

사오정 최고! 사오정 최고!

세상 모든 사람들에게 최고란 소리를 듣고 싶어요!

세계 곳곳을 마음대로 여행하고 싶어요.

돈을 에베레스트 산만큼 벌어서 세계 최고 부자가 될 거예요!

그리고 이쁜 여자와 결혼도 할 거예요.

나는 백마 탄 왕자님이랑 결혼할래요.

20년이 흐른 뒤~

언제쯤 큰 집 사고 큰 차 타고 떵떵거리며 살려나.

모든 사람들에게 최고라는 인정을 받고 싶은데 그날이 언제려나~

해외여행은커녕 국내여행도 못 하니 언제쯤 마음대로 할 수 있을까? 지긋지긋한 삶이 싫다.

ㅈㅈ~잉

돈이 없으니 너무 궁상맞다. 제발 돈 좀 많이 벌고 싶다. 돈! 돈! 돈!

복권이라도 사야지

초등학생 수준의 자기 욕구 불만족.

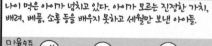

나이 먹은 아이가 넘치고 있다. 아이가 모르는 진정한 가치, 배려, 베풂, 소통 등을 배우지 못하고 세월만 보낸 아이들.

마음수준

10살 10살 10살

나이

그런 나이만 먹은 아이가 진짜 아이를 가르치려 하니 말을 들어 먹겠는가?

너나 잘하세요.

ㅈㅈ리ㄴ

10살

나이딴 먹는 아이

어른이 된다는 것은
자신의 마음을 어느 정도 다스릴 수 있고,
세상 풍파와 고통에 덜 흔들린다는 것을 의미한다.
부모, 아내, 자식들에게 매여서
이리 흔들 저리 흔들 마음을 못 잡고 좌지우지되거나,
나이가 들어서도 부모에게 의지하거나,
자신의 이득을 따져 부조리함에 눈 감고 산다면
우리는 어린아이 수준의 존재로 머물 수밖에 없다.
나이만 먹은 아이들은 말한다.
어른이 되는 걸 가르쳐주는 큰 스승도 없었고,
그럴 만한 상황도 되지 않았다.
경쟁 속의 살아남기로 내몬 사회가 문제다.
그러나 나이만 먹는 아이로 살아가는 진짜 이유는
진정한 성찰과 사색이 없는 게으름 때문이다.

나이만 먹은 아이들이 많으면 사회는 한심해진다.
품격과 기품이 있는 사회에 살고 싶다면
나부터 나이에 맞는 어른이 되자.

315

바꾸는 사람

무방비 상태에서 모든 것을 남에게 맡기고 사는 사람은
외물에 의해 자신의 운명이 결정된다.
그러나 내 신념에 따라 뜻을 세우고,
그 뜻에 따라 현실을 바꾸고자 하는 사람은
외물에 자신의 운명을 맡기지 않는다.
여기에 좋은 이야기가 있다.

옛날 인도 스님들은 노동이 금지되어 있어 평생 신도들의 공양으로 살았다.
그러나 중국의 백장 스님은 신도들의 공양에만 의지해 살지 않고
스스로의 힘으로 자급자족하며 살았다.
백장 스님이 돌아가신 후에도 이 원칙은 선종의 뿌리가 되어 이어져왔다.
당나라 무종이 억불정책을 실시하여
수많은 사찰이 사라지고, 수많은 스님이 강제 환속 당했다.
그 환란 속에 불교의 많은 종파는 사라졌지만
백장 스님의 선종은 명맥을 이어나가고 발전할 수 있는 계기가 되었다.

신념을 갖고, 뜻을 세우고, 현실의 부조리에 눈 감지 않는 사람.
즉, 바꾸는 사람이 되자.
그래야 자신의 운명이 외물에 의해 좌지우지되지 않는다.

비난

산과 같은 사람이 좋다.
움직이지 않는 산처럼 천지에 딱 버티고 서서
여여한 표정으로 내려다보는 모습은 굳건하다.
강박증에 걸린 듯 불안에 떨며
이리저리 흔들리는 갈대처럼 휘둘리는 사람은
불쌍하고 어리석은 사람이다.

부처님은 어떤 비난에도 산과 같이 흔들리지 않으셨다.
그것은 천지 만물에 동요되지 않는
강건한 마음으로 수행하고 계셨기 때문이다.

저는 이야기를 좋아합니다. 이야기는 재미있으니까요. 공룡에 대한 과학책을 읽으면 오래 못 읽고 졸음이 솔솔 옵니다. 그런데 공룡 다큐멘터리를 보면 그래도 뭔가 좀 알듯 말듯 해집니다. 하지만 공룡이 나오는 영화나 소설은 그냥 즐겁게 보고읽었을 뿐인데 신기하게도 그 어려운 공룡 이름이며 공룡들의 특징이 쏙쏙 머리에 남습니다.

왜 그럴까요? 그것이 이야기의 힘입니다. 그러면 세상에서 가장 힘센 이야기는 어떤 이야기일까요?

저는 '오래된 이야기'라고 생각합니다. 몇백 년 전에 생긴 이야기가 지금까지 전해지는 건 그만큼 좋은 이야기이기 때문일 겁니다. 그렇게 오래오래 전해진 이야기는 후대 사람들이 계속 갈고 다듬어 점점 더 좋아집니다. 점점 더 빛이 영롱해지는 보석과도 같습니다.

이런 보석 같은 이야기 중에서도 가장 빛나는 이야기가 바로 '종교' 이야기입니다. 세상 모든 종교가 들려주는 이야기에는 오랜 세월 쌓인 힘이 있습니다. 사람들은 그 이야기를 들으며 용기를 얻고, 시름을 잊고, 즐거움을 깨닫고, 자신과 주변을 돌아보는 지혜를 얻습니다.

그중에서도 불교가 들려주는 이야기는 특히 재미있고 도움되는 이야기입니다. 무려 2,000년 동안 사람들을 보듬고 이끌어준 이야기라니, 그것만으로도 얼마나 놀라운 일인가요.

불교 이야기가 힘이 센 – 재미있는 – 이유는 아주 특별한 것에 대한 이야기가 아니라 우리가 살면서 늘 겪고 마주치는 것들에 관한 것이기 때문입니다.

우리는 살다 보면 예상 못 한 일을 늘 겪습니다. 친한 친구에게 화가 나기도 하고, 괜히 내 외모에 짜증이 나기도 하고, 열심히 했는데 실패하기도 하고, 쓸데없는 것에 욕심내다가 낭패를 보기도 합니다. 바로 그럴 때 친구처럼, 선배처럼 조근조근 들려주는 불교 이야기에 귀기울다 보면 어느새 마음은 조금씩 풀리기 시작합니다.

〈재일기〉는 이 재미있고 오래된 불교 이야기를 김재일 만화가가 또 한 번 갈고닦은 이야기입니다.
늘 웃음 지으며 주변 사람을 포근하게 하는 이 만화가는 실은 아주 집념 있는 사람입니다. 하나하나 소중하고 귀한 그 수많은 불교 이야기 중에서 자기 스스로 감동했던 이야기, 도움받았던 이야기를 고르고 골라 만화라는 재미를 더했습니다.
만화가 자신의 얼굴처럼 동글동글 정감 가는 그림도 자세히 뜯어보면 굉장히 다양한 재미가 있습니다. 등장인물들 표정은 하나같이 귀엽고 정다우면서도 마음속을 어찌나 잘 표현하고 있는지 모릅니다.

문득 이런 생각을 해봤습니다.
'나는 저런 상황에서 어떤 표정을 지을까?'
그래서 손오공을 보면서 저를 보는 것 같아 반갑고 창피하기도 했습니다. 제 마음을 들킨 것 같아서 말입니다.
그래도 좋았습니다. 재미있는 이야기, 잘 들었으니까요.

구본준 〈한겨레〉 기자, 문화칼럼니스트

321

재일기
두 번째 화살을 맞지 마라

1판 1쇄 발행   2014년 9월 19일

지은이   김재일
일러스트   홍성지
펴낸이   홍건국
펴낸곳   책앤
출판등록   제313-2012-73호
등록일자   2012. 3. 12.

주소   서울특별시 마포구 서교동 449-43 국일빌딩 303호
문의   02-6407-8206
팩스   02-6407-8206

ISBN   979-11-953338-0-6 03220

재일기
The Diary of Jaeil